《我们深圳》

首部全面记录深圳人文的

非虚构图文丛书

《寻找光明记忆：工厂故事》创作团队
策划：包小红
编审：安雪巍
主编：陈　瑛
统筹：赖远美　曾嘉豪
文字：老　亨　朱蔓菁　孟文英
摄影：赖远美　黄芷如　黄颖怡
采访：段作文　游利华　杨晓霞

我们深圳

MEMORIES OF GUANGMING

寻找光明记忆

工厂故事

◎深圳市光明区公共文化艺术发展中心 / 著

深圳报业集团出版社

松白路两旁曾厂房林立

处在世界工厂核心地带的光明，是世界工厂鼎盛与辉煌的一部分

“中国制造”向“中国创造”升级转型，光明制造业也因此步入更高一级的发展阶段

公明的合水口、马山头、下村、李松蓢、将石、楼村等，工厂密布

玉律工业区门口的招聘信息公告栏，围满寻求工作的人

老旧的厂房，
是光明作为“世界
工厂”的真实印迹

工业区周边城中村里的某个烧烤店面，也许会保留那些在此逗留、打拼奋斗者的工厂记忆

光明工业区的早晨，醒得总比别处早，在这里打拼的普通工人、职业经理人和开厂创业的人，会有怎样的人生故事？

在光明，工厂的体量虽然算不上特别庞大，但再小而微，也是深圳参与经济全球化的见证

017

总序

《我们深圳》

《我们深圳》？

是的。我们，而且深圳。

所谓“我们”，就是深圳人：长居深圳的人，暂居深圳的人，曾经在深圳生活的人，准备来深圳闯荡的人；是所有关注、关心、关爱深圳的人。

所谓“深圳”，就是我们脚下、眼前、心中的城市：是深圳市，也是深圳经济特区；是撤关以前的关内外，也是撤关以后的大特区；是1978年以来的改革热土，也是特区建立之前的南国边陲；是现实的深圳，也是过去的深圳、未来的深圳。

《我们深圳》丛书，因“我们”而起，为“深圳”而生。

这是一套“故园家底”丛书，它会告诉我们：深圳从哪里来，到哪里去，路边有何独特风景，地下有何文化遗存。我们曾经唱过什么歌，跳过什么舞，点过什么灯，吃过什么饭，住过什么房，做过什么梦……

这是一套“城市英雄”丛书，它将一一呈现：

在深圳，为深圳，谁曾经披荆斩棘，谁曾经独立潮头，谁曾经大刀阔斧，谁曾经侠胆柔情，谁曾经出生入死，谁曾经隐姓埋名……

这是一套“蓝天绿地”丛书，它将带领我们遨游深圳的天空，观测南来北往的鸟，领略聚散不定的云，呼叫千姿百态的花与树，触碰神出鬼没的兽与虫。当然，还要去海底寻珊瑚，去古村采异草，去离岛逗灵猴，去深巷听传奇……

这是一套“都市精灵”丛书，它会把美好引来，把未来引来。科技的、设计的、建筑的、文化的、创意的、艺术的……这座城市，已经并且正在创造如此之多的奇迹与快乐。我们将召唤它们，吟诵它们，编织它们，期待它们次第登场，一一重现。

这套书，是都市的，是时代的。

是注重图文的，是讲究品质的。

是故事的，是好读的，是可爱的，是美妙的。

是用来激活记忆的，是拿来珍藏岁月的。

《我们深圳》，是你的！

胡洪侠

2016年9月4日

序

从2014年开始，我们对光明记忆的寻找就一直没有停步。2017年出版了《寻找光明记忆：新城旧事》，2019年出版了《寻找光明记忆：农场往事》，这次准备的是“工厂故事”。

虽然光明区的工厂故事没有蛇口工业区的轰轰烈烈，没有宝安区工厂和东莞常平工厂起步早，但都是在改革开放背景下产生，从“三来一补”起步的。光明的工厂故事里同样有密密麻麻的厂房，有熙熙攘攘穿工服的打工仔、打工妹，这里的创业故事同样跌宕起伏、艰辛感人。小小的光明孕育了华侨城集团、康佳集团、正威集团、喜德盛自行车股份有限公司等知名企业，创维集团和漫步者科技有限公司也曾在这里起步。一批批香港企业家和台湾企业家来到光明便扎根光明，甚至很多人安家光明。

看完书稿，不得不佩服项目团队的广博和专业，特别感谢深商研究学者老亨的加入，他们不只讲光明工厂的故事，而且也讲发生在光明工厂内外的“江湖”故事，把创业者和打工者的工作、生活讲得很丰满、很立体。这些故事以叙事方式呈现，求的是把已经发生的故事讲好，而不是杜撰“故事”。这完全吻合寻找光明记忆的初衷！

光明地处深圳西北一隅，中华人民共和国成立至今，历经数次体制机制的改革。从1958年成立光明农场，到1999年光明农场改制，宝安区设立光明街道；从2003年年底，深圳市开始全面推进城市化进程，到2007

年 8 月 19 日，深圳市委、市政府将光明街道和公明街道从宝安区分出来，组设了功能区——光明新区；2018 年 9 月 19 日，经国务院批准，正式成为行政区——光明区。2019 年 8 月 18 日，《中共中央 国务院关于支持深圳建设中国特色社会主义先行示范区的意见》发布，为光明的快速发展提供了契机。2020 年 3 月 28 日，《深圳市人民政府关于支持光明科学城打造世界一流科学城的若干意见》为光明的腾飞注入了一剂强心针！

随着光明科学城大建设的开展，土地整备工作以前所未有的力度和速度在推进，大片大片的旧房子（包括旧厂房）被拆迁，即将重建。科技创新型企业陆续进驻，高新技术产业迅速发展，原来熙熙攘攘穿工服的打工仔、打工妹正在被高学历的科研人才和白领所替代……面对正在快速崛起的光明科学城，面对日新月异的光明，过去的一切正渐渐成为历史，但曾经发生在这片土地上的工厂故事不应该被忘记。

光明的工厂故事也是深圳工厂故事的一个缩影，这些故事述说着深圳光明人的奋斗精神和拼搏精神。这种奋斗精神和拼搏精神已经融入光明的“血液”、融入深圳的“血液”，而且必将继续在世界一流科学城的建设中流淌……

包小红

2020 年 6 月 29 日

目录
CONTENTS

第五章 开厂的故事

第六章 工业区的“龙门客栈”

第七章 王牌喜德盛

第八章 时间谷里访伯尼

中国改革开放 40 多年，**钩沉深**
历史，寻找光明记忆，记录光
集团和光明农场的发展史，是
为紧要的，因为**光明区的名字**
就来源于历史的叙述。

第一章

通向世界工厂的光明路

松白路

光明在深圳的西北角，一头扎进东莞，直抵松山湖片区。

历史上的光明很大，现在的松岗一度是公明公社的一部分。民国时期，公平墟正式命名为公明墟，取“公道”“光明”之意。1958 年，广东省国营光明农场成立。“光明”的知名度越来越高，影响力越来越大。今天的光明区，管辖的主要是原来公明和光明两个办事处的地盘。

改革开放以后，罗湖、福田、南山划进经济特区，从光明到特区，距离不近，道路不便。那时流行一句话：“要想富，先修路。”对于刚刚规划开发的深圳来说，这话一点不假。罗湖陆路贴近香港，蛇口海路直通香港，这是深圳改革开放从罗湖和蛇口起步的重要地缘优势。

改变光明命运的路有若干条，第一条是松白路。

松白路北起宝安松岗，南到南山白芒检查站，1995 年建成通车，全长 24.3 千米。从宝安区松岗，经过公明、光明，再到宝安区的石岩，从白芒关进入经济特区，就到了南山区的西丽湖。这是一条由特区直通向光明的交通“大动脉”。

松白路打通了光明的“任督二脉”：通过松白路，从西丽湖度假村，到石岩湖度假村，再到光明华侨农场，特区内的观光休闲人群潮水般涌向光明；通过松白路，松岗、石岩的工厂，纷纷搬到公明，人来人往，货畅其流。按照最初的设计，松白路承载的最大车流量大约为 5000 辆 / 小时，而实际承载量远超于此，以至于从 2008 年起，松白路就开始改造拓宽。

松白路已是深圳交通最繁忙的主干道之一，
许多大小不一的厂房、工业区沿着公路依次建起来

松白路连通了深圳、广东乃至中国最重要的一条公路——107 国道。

107 国道是我国交通最繁忙的国道，是中国加入亚洲公路网的国际公路之一，是贯通中国南北的公路交通“大动脉”。107 国道起点为北京市西城区广安门桥，终点为香港特别行政区，全程 2698 千米。107 国道广深段与广深公路有重合，是广州与深圳公路交通的主干道。107 国道宝安段起于深圳南头，与北环大道和深南大道相接，止于塘下涌立交，全长约 31 千米。沿线松岗、沙井、福永、西乡、新安工厂如云，形成 107 国道工业走廊，是深圳制造业的主要聚集区。

松白路从合水口、马山头、马田出公明，入松岗。经松明工业区、山门工业区、松岗汽车站，松白路在松岗与 107 国道（广深公路）会合。松岗是深圳 107 国道工业走廊上的明星街镇，与公明相邻。通过松白路，松岗与公明的工业区无缝连接，连成一片。随着松岗的工厂沿着松白路往公明迁徙，公明的合水口、马山头、下村、李松蓢、将石、楼村等变得工厂密布。在深圳南山与光明之间，是大名鼎鼎的石岩。深圳最早的“三来一补”企业就落户在石岩上屋村。光明的玉律、田寮、长圳、甲子塘等紧邻石岩，也通过松白路，串联成为光明南部的工业区。这样，松白路沿线就形成了与107国道工业走廊大致平行的另一条工业地带，其北段是松岗、公明，南段是光明、石岩、西丽。

与松白路同一年开通的梅观高速（莞深高速），则从东面和北面打开了光明工业区的发展局面。梅观高速起点位于深圳市龙华区梅林收费站，终点位于深圳市观澜街道黎光村，与莞深高速相连，南段双向六车道，北段双向四车道。光明东南的白花洞工业区紧靠观澜，到梅观高速颇为方便；光明东北的圳美工业片区则贴近东莞的田心工业片区，方便从东莞上下莞深高速。梅观高速、莞深高速建成通车，拉动龙华、坂田成为深圳制造业核心区，富士康在龙华设厂、华为在坂田落户，这两大工业巨头中间只隔着一条梅观高速。深圳龙坂工业片区和东莞制造业区域通过梅观高速、莞深高速串联起来，分别从东南和东北面形成光明的制造业外溢。

松白路两旁公司、厂房林立，华特尔环保涂料（深圳）公司总部，便是其中之一

1996年7月1日，广深高速公路完成工程验收，正式开通运营。这条规划于20世纪80年代，1992年动工

建设的高速公路，北起广州市天河区黄村立交、南至深圳市福田区皇岗口岸，设计时速120千米，将广州、东莞、深圳、香港无缝连接起来。珠江东岸凭借制造业逐渐成为中国最为活跃和繁华的“工业走廊”。曾有人称“如果广深高速堵车一小时，全球IT产品的价格将因此而波动”。广深高速公路，珠江东岸工业走廊，是中国成为“世界工厂”的最佳见证。直到2007年，从龙华，经光明，到东莞大岭山的龙大高速公路全线贯通；2008年，从南山西丽、白芒，经宝安石岩，光明玉律村、田寮村、塘尾村、上村、下村、合水口村、李松蓢村，松岗罗田村，连接龙大高速公路的南光高速公路开通。2008年，中国作为“世界工厂”进入全盛时期。光明，见证了“世界工厂”的发展与辉煌。2008年世界金融危机之后，“中国制造”向“中国创造”升级转型，珠三角继续领衔中国制造业的转型升级，光明的制造业也因此步入更高一级的发展阶段。

可乐汽水厂

中国改革开放40多年，钩沉深圳历史，寻找光明记忆，记录光明集团和光明农场的发展史，是极为紧要的，因为光明区的名字，就来源于历史的叙述。1958年年初，广东省农垦厅等5个单位的600多名干部在此组建农场——广东省光明农场。因考虑到国家将供给香港农副产品的光荣任务交给新建的农场，并且农场建设工作同时承担了安置即将到来的下放干部这一“光荣的政治任务”等背景，就取了“光荣”的“光”字与“公明”的“明”字，共同构成“光明农场”的名称。《农场往事》一书集中记录了这段历史。光明的历史可以追溯到更早，至少公明老圩作为百年老街，也曾盛极一时。这段历史，也由《新城旧事》探幽访奇、寻根问底，细细梳理过了。唯有20世纪80年代以来，特别是90年代以来，发生在光明这片热土上的变化，还没有加以观察、记录。尽管光明农场的历史已经是40年来光明历史的一部分，但是改革开放以来光明的变化不仅仅是光明农场的故事。从世界工厂的角度看光明，也许会发现一个不一样的光明。二十世纪八九十年代以来的深圳工厂，不同于1950年代末兴建的光明农场，其崛起的原因、产生的效应，都与世界经济有着密切的关联，却与历史上公明墟镇的商业沿革关系不大。光明虽然不是深圳当代工厂的发轫之地，光明工厂的体量也算不上特别庞大，但是光明的工厂依然是全球工厂的有机组成部分，是深圳经济参与全球化具体而微的见证。寻找光明记忆，不能没有《工厂故事》，不能不对世界工厂的始末缘由有一定的了解。

2005 年 11 月，第二十六届世界大学生夏季运动会申办执行委员会向社会公开征集申办口号，打工妹郑惠琦想出一句“深圳，与世界没有距离”，在征集到的 793 个口号中脱颖而出。开放的深圳，多元包容，文明交汇，与世界没有距离。深圳作为改革开放的窗口和试验田，一直努力追赶世界的潮流，向世界敞开胸怀，保持和世界的零距离。“深圳，与世界没有距离”这句最能体现深圳人心境的话，契合了深圳人具有世界眼光的追求，成为深圳申办第二十六届大运会的口号，并于 2010 年被评选为深圳最有影响力的十大观念之一。

但是，改革开放前，深圳与世界之间存在着巨大的鸿沟。

20 世纪 50 至 70 年代，深圳河的两岸因存在着两种不同的社会制度，成了观察家与好奇者的关注点。《深圳十大观念》一书曾经这样记录，当时的港英政府在深港边界开辟了两个游览区：一个是落马洲警署西侧山顶，可居高远望深圳河北岸的皇岗村、渔农村一带；一个在坪洲岛，可远望大鹏半岛南澳一带。这两个游览区吸引了大批外国游客，他们用望远镜来眺望皇岗村：皇岗村一带只有水田、鱼塘和零落的村庄。弯腰劳作、赤着双脚，两腿被海水泡得红肿的村民，在对岸瞭望台上外国游客的“观赏”下艰辛劳作着。

当时每逢涨潮，海水就会倒灌进皇岗村的水田，形成“咸水田”。“咸水田”种出的稻谷与一般的水稻不同，稻米呈红色，用这种米煮的饭，当地人称“红米饭”，苦涩粗糙，难以下咽。在“咸水田”里起早贪黑的村民，一天最多可收入 9 毛钱，而对岸的香港人，即使做麦当劳的兼职，也可以一小时赚到 2 港元。

那个时候，深圳与香港，或者说与世界的距离，一方是用望远镜来丈量，而另一方，则是冒着生命的危险，不惜背井离乡来跨过。

一切，都随着 1980 年深圳经济特区的建立而改变。落马洲山顶上那个专给游客开放的瞭望台日渐冷清，而在深圳成为中国第一个对外国

可口可乐进入中国市场，掀起了快消品消费浪潮

游客 72 小时免签证的城市后，瞭望台彻底消失了。

《深圳十大观念》讲述了这样一个故事：1980 年年初，一位美国游客来到深圳，他用自己的镜头记录了老城变化前安详的面容：蓝天、白云、青砖大屋、石板小巷，那些建了近百年的老屋和碉楼，那些像帽檐一样伸出屋墙遮盖住人行道的骑楼，那些布满了褐灰色的斑驳的墙壁，那些望不到尽头的田野、池塘和乡村……

这位叫亨达的美国人和中国粮油集团签署了一份合同，获准向中国出售瓶装可口可乐。这是中华人民共和国成立以来第一批公开进口的美国饮料。

可口可乐在中国内地迈出的这一步深深刺激了其竞争对手百事可乐。1980 年 10 月，百事可乐在香港的业务代表李文富向深圳市政府提出在深圳投资设厂。1981 年 2 月，深圳市政府与百事可乐合作成立了深圳市饮乐汽水厂。拿不出现金的深圳市政府提供了田贝 5000 多平方米的土地作为投资，百事可乐提供了设备和 50 万美元的流动资金；产品的 80% 外销，以港币结算，产品的 20% 内销，以人民币结算。这家汽水厂投产当年产值 771 万元，利润 86 万元，在深圳建市起步的岁月里，是效益最好的企业之一。

1985 年 10 月，时任美国副总统、后来出任美国总统的老布什及其夫人第一次访问深圳，在深圳停留 2 小时 40 分钟，只去了一个地方——饮乐汽水厂参观。在生产线旁边，老布什兴致盎然，拿起一罐刚刚生产出来的百事可乐喝了两口，然后风趣地说道："我在深圳喝的百事可乐比在美国喝的味道还要好！"或许，在老布什看来，百事可乐的深圳工厂生产的可乐的口味与美国本土生产的可乐的口味已经没有差别，深圳工厂与西方世界的美国工厂之间已经没有了鸿沟。

世界工厂

深圳是中国改革开放的窗口，深圳也是中国与世界之间架起的一座桥梁。深圳与世界的距离是如何拉近的？深圳是通过什么样的方式与世界融为一体的？深商研究学者老亨认为，有一个重要而简单的关键词可以帮助理解这个复杂难题：世界工厂。

在人类历史上，把世界各地的人们关联起来的手段有很多，战争、瘟疫、宗教、文化，当然也包括互通有无的长途贸易。但是只有世界性工厂出现之后，散布全球的人们才真正紧密联系在一起，越缠越紧。而近代意义上的世界工厂，是从英伦海岛开始的。

1769 年，詹姆斯·瓦特经过多次试验，制成了第一台单动式蒸汽机；1782 年，他经过改进又制成了联动式蒸汽机。蒸汽机的发明，是人类第一次工业革命的重要标志，使人类由以人力为主的手工劳动时代进入了机器大生产的蒸汽时代。蒸汽机的发明和应用，促进了英国各个工业部门的机械化。工业革命在短短的几十年内使英国由一个落后的农业国一跃成为世界上最先进的工业强国，号称人类历史上第一个“世界工厂”。英国在殖民主义“炮舰政策”的配合下，向世界各地输出工业品，占领的殖民地面积比自己国家还要大，取代西班牙成为“日不落帝国”，控制的人口在 19 世纪已经飙升到了 2.5 亿。根据美国历史学家罗兹·墨菲的分析，鸦片战争中，英国出兵的深层原因就是为了直接进入巨大的中国市场，希望清朝政府能够按照自由贸易的方式开放通商。这也是英国人将鸦片战争叫作“通商战争”的理由。而当时的清王朝对此一无所知，

低矮的工业区与高耸的居民楼比邻而居，成为光明区的一道风景

还只是把英国当作与以往无异的一般蛮夷看待。结果，清政府糊里糊涂地吃了败仗，赔款之余，与英国签订了香港的租借协议。中国在与“世界工厂”的第一次遭遇中，并没有把握到介入工业化时代的第一波全球化机遇。

早在英国殖民时期，美国就已经建立起强大的工业基础。独立后的这个新兴国家不仅拥有大批工艺精湛的手工家庭作坊，还有着令人敬畏的造船能力，而且它的生铁产量也占据全球总产量的 15% 左右。更重要的是，美国的自然禀赋独一无二。南北战争之后，北方的工业资本家战胜南方的大农场主，美国进入工业化的快车道。19 世纪后期到 20 世纪

马赛克外墙曾是最受欢迎的厂房外墙装修样式

中叶，美国取代了英国，成为新的世界工厂，在钢铁、汽车、化工、机器设备、飞机制造、电气产品、医药以及军事装备等制造业的各个领域，其生产规模和出口份额，都位居世界前列，成为世界工业品出口的重要基地。以电力的发明和广泛应用为主要标志的第二次工业革命，领衔者正是美国。

从第一次世界大战，到第二次世界大战，国际货币体系分裂成几个相互竞争的货币集团，各国货币竞相贬值，动荡不定。国际经济因此失序，只能诉诸武力，陷入战争的泥淖。在第二次世界大战后期，美英两国政

香港、台湾的“三来一补”加工工业、电子制造业是光明工厂的重要组成部分

府分别提出了“怀特计划”和“凯恩斯计划”，以设立国际金融机构、稳定汇率、扩大国际贸易、促进世界经济发展为目的。1944 年 7 月，西方主要国家的代表出席的联合国国际货币金融会议在美国新罕布什尔州布雷顿森林举行，同意确立以美元为中心的国际货币体系，后来的关税及贸易总协定作为这一体系的补充，统称为“布雷顿森林体系”，即以外汇自由化、资本自由化和贸易自由化为主要内容的多边经济制度，构成第二次世界大战后西方全球化的核心内容。

按照布雷顿森林体系确立的全球化规则，西方国家各自依据自身的

"比较优势"进行国际分工和国际贸易。美国和英国在科研和金融领域更具优势，而日本和德国在制造业领域更具优势。尤其是日本，从20世纪60年代到80年代，其工业从以出口重化工业产品为主导逐步转向以出口附加价值高的机械电子产品为主导，成为机电设备、汽车、家用电器、半导体等技术密集型产品的生产和出口大国。日本经济飞速增长，一跃成为世界第二大经济强国，成为历史上第三个"世界工厂"。20世纪80年代中期，日本许多工业制成品的产量都在世界前三名之列，在国际市场上具有很强的竞争力和很高的市场占有率，成为世界上家用电器、汽车、船舶和半导体的主要生产国。特别是在新兴的半导体产业技术方面，日本超过了美国，赢得了全球半数以上的市场份额，确立了美国之后新的"世界工厂"地位。

除了日本，亚洲的中国香港、中国台湾以及新加坡和韩国也推行出口导向型战略，重点发展劳动密集型的加工产业，在短时间内实现了经济腾飞，一跃成为全亚洲发达富裕的地区。它们被称为"亚洲四小龙"。"亚洲四小龙"和日本，历史上都处于儒家文化辐射区域，其中中国台湾、中国香港以及新加坡更是处于中华文化圈。但是战后日本和"亚洲四小龙"均受西方价值观影响：中国香港和新加坡在法律、教育、经济等方面深受英国的影响；而中国台湾以及韩国则是在1950年代以后深受美国影响，能够和西方价值体系及经济体系接轨。20世纪50至70年代，西方发达国家经济高速发展，为"亚洲四小龙"的出口导向发展提供了良好的外部条件。科学技术革命使发达国家的生产转向技术和资本密集型工业，"亚洲四小龙"拥有质高价廉的劳动力资源，正好发展劳动密集工业。东亚地区的稳定也使它们可以把主要精力放在经济发展上。它们利用西方发达国家向发展中国家转移劳动密集型产业的机会，吸引外国大量的资金和技术，迅速走上发展道路，成为东亚和东南亚地区的经济火车头。

20世纪70年代末80年代初，日本和"亚洲四小龙"的经济模式已经十分成熟。产业方面形成梯队：日本领头，偏重技术密集型工业；“四小龙”跟进，偏重劳动密集型工业，形成雁阵结构。这里资金充裕，市场广阔，工厂管理和运营卓有成效而且颇富东方特色，成为发展经济学研究的典型案例。正当日本和“亚洲四小龙”土地快速升值、劳动力成本急剧上升的时候，适逢中国内地的改革开放，面向世界，打开大门，加入国际经济大循环，拥抱市场经济体系。于是中国香港、台湾的“三来一补”加工工业、电子制造业潮水般涌进东南沿海，分享内地（大陆）的土地红利、人口红利。中国内地的对外开放为全球制造业成本降低带来了前所未有的可能，也“当仁不让”地为全世界提供了一个在后来 30 多年中低成本劳动力接近“无限供给”的“世界工厂”。

深圳工厂的光明样本

在 20 世纪中后期，也就是世界产业转移的高峰期，深圳这个滨海之城慷慨地成为当时港台产业转移的承接地，面向来自全球各地的“三来一补”加工型企业敞开怀抱。密密麻麻的厂房，被围墙圈起的厂区，工厂宿舍外晾晒的工衣，川流不息的货柜车，人如潮涌的打工仔、打工妹……深圳所在的珠三角成为“世界工厂”的新高地。深圳经济特区介入最新、最猛烈的一波全球化，不仅在时间上占先机，而且极具合理性，既迎合了全球产业转移的大趋势，又引领了中国的改革开放热潮，这不是偶然的幸运，而是必然的逻辑。

路边信息公告栏里张贴的密密麻麻的招聘信息，成为打工者了解工作岗位的重要渠道

光明在深圳与东莞的结合部，处在珠三角世界工厂的“C 位”。东莞工厂的“太平模式”和深圳工厂的“上屋模式”分别在光明的东西两端形成。光明工厂的西部厂区与宝安松岗工业区关联，南部厂区与宝安石岩和南山西丽工业区关联，东部厂区与龙华观澜工业区关联，北部厂区与东莞工业区关联。观察光明工厂，就相当于观察了关联工业区的产

低矮的厂房随处可见，各有鲜明特色

品链、产业链、工厂生态链。

清晨下低矮的厂房，即将迎来喧嚣的生产作业时刻

光明的外向型工厂发育较晚，但起点较高，发展较快，升级转型也比较迅速，在一块不大的土地上，在一段较短的时间内，演绎了中国世界工厂的变迁史。光明工厂，是深圳工厂一个难得的观察点，是中国世界工厂时代一个难得的研究样本。

让我们沿着通向光明的路，从世界工厂的角度，走进光明工厂的现场……

一个半月后，太平手袋厂获得
家工商总局颁发的**第一个“三**
一补”企业牌照，编号为“粤
001”，成为**中国第一家“三来一**
企业。

第二章

世界工厂的“光明时刻”

深圳不是小渔村，光明才是真正的农村

陈灼灵受访图

陈灼灵是土生土长的公明人。

他说他毕业于“无名学校”。什么无名学校呢？原来是宝安师范学校。宝安师范从 1947 年开始创办，那时叫宝安简师，1959 年才开始叫宝安师范，1984 年升级为深圳师专，1994 年在深圳师专基础上筹备，经广东省政府批准、原国家教育委员会备案，深圳大学师范学院于 1996 年 6 月正式挂牌成立。陈灼灵 1970 年师范毕业参加工作，那时还没有深圳大学，所以他不会说自己毕业于深圳大学师范学院。他也不方便说自己的母校是宝安师范。宝安师范的名字 1984 年就改了，如今的人们谁还记得有个宝安师范？所以，问到自己的求学经历，陈灼灵总是欲言又止，悻悻然说自己毕业于“无名学校”。这是他这一代老宝安人内心的结。40 年间，由宝安县到深圳市，深圳由地级市到经济特区，由经济特区到副省级城市，再到先行示范区，老宝安人的早年记忆早成

回忆光明工厂往事，陈灼灵如数家珍

采访人员与陈灼灵（右二）的合影

了压缩饼干，自己咀嚼咀嚼都已经没有多少味道，旁人更是无从体会其中的甘苦。看到蜂拥而至的外来移民在深圳热火朝天地奋斗打拼，逢年过节还能车轱辘一转，回到故乡一解乡愁，陈灼灵心里五味杂陈，他也希望可以时光倒转，偶尔能够回到记忆中的故园。这次“寻找光明记忆”的系列采访中，别人或许有些顾忌，怕忆过往，陈灼灵却百无禁忌，侃侃而谈，与我们分享难得的光明往事。

“我于 1970 年参加工作，当孩子王，教小学。不是在公明，是在观澜。那时观澜和公明都属于宝安县，县内统一分配工作。不像现在，现在宝安区已经很小了。观澜分出来，属于龙华区了。公明镇与光明华侨农场合到一起，成立了光明区。我家在公明楼村，我老婆一直在公明老家，

陈灼灵退休后，继续发光发热，为公明的大小事务尽一份自己的力量。图为景汇商务大厦，即陈灼灵接待洽谈的办公地点

种田种菜，养鸡养鸭养猪。我本来有机会去省城广州，老婆孩子撇不开，就一直留在宝安了。我在观澜教书 13 年，后来又当了两年校办主任，才回到公明，在镇政府工作，算是国家干部。那是 1985 年。"

陈灼灵在公明镇党政办公室当了 6 年主任。党政办主任，上接方针政策，下管收缴垃圾，服务党政领导，熟悉辖区情况，是个"大内总管"的角色，因此他对公明的情况非常熟悉。说起光明当年的事，陈灼灵如数家珍。

"公明镇是个农业镇，是宝安的粮仓，也是广东省的粮仓之一。那时宝安 29 个公社，一年要完成国家征购粮 55 万石。29 个公社，55 万石，平均一个公社 2 万石不到对不对？可是公明一个公社就要上缴国家征购粮 7.8 万石，是其他公社的 4 倍多。这不是粮仓是什么？那时候向香港卖生猪，每七头猪，就有一头是我们公明的。出口五斤蔬菜，就有一斤是我们公明出口的。公明每年的农业创汇是 8000 万美金，创汇金额仅次于布吉。布吉有工业、有农业，公明主要靠农业创汇。公明镇边上的光明华侨农场，级别很高，比公明镇级别高，但是既然叫农场，那就也属于农业性质。公明镇与光明农场走到一起成为光明区，也许就是农业的缘分。光明区的前身就是农业区。跟工业，跟工厂，隔得很远。”

在陈灼灵看来，公明真正是从农村起步的。有人说，深圳改革开放前只是个小渔村。其实说得不对。深圳以前叫宝安县，宝安县历史悠久，南头有古城，大鹏有古城，怎么就是渔村呢？就是老宝安下面的深圳镇，那也是城市的繁华所在。老辈人讲，明代清代，就有深圳墟了。深圳墟在深圳河边上，处在繁忙的十字路口。从西边的南头，到东边的盐田、大鹏，要经过深圳墟这个位置吧？从北面的龙岗、布吉，到南面的九龙、香港，还是得从深圳墟经过。深圳墟就是处在这么个十字路口。又有水路，又有商铺，地理位置比起南头、比起大鹏来，要优越得多。深圳墟早就发展起来了，跟这个地理位置有很大的关系。发展最快的时候，是香港划给英国人治理的时候，为什么呢？因为英国人带来了洋货，这些洋货以前要在广州交易，现在在香港就可以交易了。英国人在香港需要吃的、喝的，需要人工帮手，这些都从哪里来？都从宝安县来，从内地来。内地人来往香港、内地货物进出香港，也都要经过深圳，深圳发展能不快吗？特别是清朝末年、民国初年，广州到香港九龙的广九铁路修通了，深圳墟成为广九铁路的中转站，既是中转站，又是边境站，位置你说重不重要？老辈人记得，解放军进深圳的时候，欢声雷动，热闹非凡。现在还可以看到当年深圳老百姓欢迎解放军进城的照片，照片中作为背景的火车站站牌，就清晰地显示“深圳墟”三个字。深圳墟有四个门，东门的商业最旺，街道几纵几横，店铺鳞次栉比。铁路开通后，四面八方的人，都来深圳谋生。1949 年以前，住在深圳墟的人不仅仅是深圳人，不仅仅是宝安人，全国各地的人都有，几百个店铺，几十个商会，三教九流，鱼龙混杂。据说，澳门开赌场的人最早不是在澳门，是在香港。香港不让赌，就偷偷摸摸地赌，规模不大。

20 世纪 90 年代的光明，提倡创业兴家。图为打工一族下班的场景

为此，就有人把赌场开到深圳墟。开到深圳墟，你就管不着了，结果规模越搞越大，惊动了官府。官府出面一打压，这才转移到澳门去。这从一个侧面说明，深圳墟当年已经很繁华了，在新中国成立前就已经不是小渔村了。只是 1949 年后，深圳成了防敌特前线，政府把不是深圳人、不是宝安人的外来人口都遣返了，深圳墟的人口才降下来，成为普普通通的小城镇。加之那些年经济不景气，深圳河对面的香港，工业发展起来，又赚钱，又需要人工，于是大批深圳人、宝安人，一窝蜂地往那边跑。这个时候，你说它是小渔村也说得过去。

公明老百姓的日子可能就平淡些，没有这么大起大落。农村的活儿是辛苦些、累些，好歹有个温饱。公明逃港的人有没有？有！怎么可能没有？人往高处走，水往低处流，公明老百姓自然也有去香港的。但是相对来说，公明老百姓还有口吃的，逃港的比例可能没那么高。公明人对外面世界的反应节奏，可能要慢那么一拍。

东莞厂的“太平模式”

陈灼灵说，改革开放前，公明镇、光明农场不是没有工厂，碾米厂、糖厂、牛奶加工厂，都应该算是工厂，光明农场其实也是工厂化的企业了，但是这些都是传统意义上的工厂。真正改革开放意义上的工厂，是“三来一补”企业，两头在外，与国际市场接轨。最著名的例子就是东莞虎门的太平手袋厂。那是全国的典型，当时宣传得很厉害。虎门离光明很近，太平手袋厂的事情，大家都有耳闻。根据1985年任东莞太平手袋厂第三任厂长的唐志平的回忆，我们在“寻找光明记忆”的专家们的指导下梳理一下太平手袋厂的历史，对改革开放早期“三来一补”企业的运营模式作一番了解。

话得从头说起。

20世纪70年代中期，为了寻找改革的突破口，我国各级领导人纷纷出国出境参观学习，其中香港就是参观学习的重要一站。因为香港离内地近，联系一直没有断，香港还有中资机构、中资企业，像招商局、华润。当时，长期植根香港的华润，接待了非常多前来参观的代表团，并组织他们参观香港的工厂，帮助政府出谋划策。早在1975年，为解决外销国货货源供应不稳定、质量缺乏保障等问题，华润就已经开始在深圳一带开展来料加工业务，还为在深圳的港商穿针引线、搭桥铺路，介绍来料加工的业务。1978年，华润向国家提出推广港商在内地开展加工装配业务做法的建议。很快，国家进出口管理委员会召开了会议，并让华润起草了一份材料。在华润草拟的17条建议的基础上讨论、补充、修改。

1979年，国务院正式颁发了《开展对外加工装配和中小型补偿贸易办法》，即后来常说的“二十二条”。

就是在1978年，华润促成了一桩大事。

1978年7月，国务院刚颁发了《开展对外加工装配业务试行办法》，规定广东、福建可以实行来料加工试点，有个叫张子弥的港商找到了华润。原来，张子弥当时所在的香港信孚手袋制品公司，已被香港不断上涨的厂租成本和人工成本逼到濒临倒闭的地步。他们得知内地刚出台了新政策，就来找华润商量怎么对接这个政策。因为华润有着多年的外贸经验，在香港和内地信誉都很高，张子弥希望华润能帮他解燃眉之急。于是，华润帮助张子弥找到了广东省轻工局，刚好当时省轻工局里有个东莞人，就介绍张子弥来到了东莞。

1978年7月29日晚，华润的副总张政，陪着港商张子弥，与东莞县第二轻工局的领导一起，连夜赶到了虎门的太平服装厂。他们一来就将张子弥带来的一个黑色的人造革女士手袋以及制作手袋的毛料一并交给厂方，要求做一个一模一样的复制品。太平服装厂的厂长立刻安排了三名技术骨干通宵赶工。第二天早晨，他们便交出了一个和样品一模一样的手袋。张子弥非常满意，当即拍板要投资200万元港币，将手袋加工厂落户虎门。

一个半月后，太平手袋厂获得国家工商总局颁发的第一个“三来一补”企业牌照，编号为“粤字001”，成为中国第一家“三来一补”企业。

什么是“三来一补”？“三来一补”是“来料加工”“来料装配”“来样加工”和“补偿贸易”的简称，是中国内地在改革开放初期尝试性地创立的一种企业贸易形式。其中“三来”可简单理解为：由境外商家提供原料、技术、设备，由中国内地企业按照外商要求的规格、质量和款式，进行加工、装配，做成产品交给境外商家，并收取加工劳务费的合作方式；补偿贸易则是分期付款，以货易物的跨境买卖关系，以货物产品换

光明的许多“三来一补”企业，就是在铁皮棚里诞生的

机器设备。

为什么会有“三来一补”企业呢?

首先是港商有需求。港商张子弥的香港工厂——信孚手袋制品公司，厂房租金、工人工资、管理成本太高了，撑不下去了，需要想办法降低成本，而内地厂房便宜、人工便宜，可以互补，这是大前提。

为什么要先按照样品做出产品?

“三来一补”就是来料加工、来样加工、来料装配。意思是其他都不需要，就需要内地的合作伙伴有加工装配能力。当时内地企业工作散漫，没有时间观念，能不能在约定的时间内加工出合格的成品，这是至关重要的。所以张子弥要先看出品，出品满意，一切才好谈。

“三来一补”合作方出什么资源？

东莞县第二轻工局和香港信孚手袋制品公司在太平服装厂的基础上成立太平手袋厂，港方最终出资达300万元，包括机器设备、流动资金。这对于东莞县第二轻工局和太平服装厂无疑是个天文数字。除此之外，港方还要提供原材料、零配件，担任技术指导，协调企业管理，并负责产品外销，这也是东莞县第二轻工局和太平服装厂难以做到的。办厂之初，张子弥从香港带了几个电工、机修工和技术人员到东莞，教太平手袋厂的工人使用和维修设备。在这之前，太平服装厂一直用的都是脚踏设备，张子弥把它们全部改成了电动设备，大大提升了生产效率。

“三来一补”企业靠什么赚钱？

“三来一补”企业唯一的利润来源就是加工费，而加工费的20%要返还给张子弥，作为偿还设备的费用，这就是补偿贸易。太平手袋厂赚多少钱呢？平均20元一打的手袋，太平手袋厂只收12元的加工费。这个钱是多还是少呢？

在太平服装厂的时候，工人工资一个月18元、28元、38元不等，但是太平手袋厂一开始就接受张子弥的建议——悄悄采用香港的“按件计酬”分配方式，实行多劳多得，按劳分配。这就打破了当时的“大锅饭”，调动了全厂工人的积极性，大家通宵达旦地赶生产，工人因为有钱赚，加班都很开心。1978年的时候，国家实行八级工资制，哪怕是工程师一类的，也只有不到100元的月收入。但是太平手袋厂的工人头一个月就已经尝到了甜头，连学徒工都能拿到80—110元的月工资。当时一发工资，整个城镇都轰动了。太平手袋厂的员工算是这个城镇里第一批用上洗衣机、冰箱的人。

建太平手袋厂时，张子弥先后投资了300万港币，这笔设备款多少

1988年年底，东莞“三来一补”企业达2500多家，遍布80%的乡村

年才能收回来？实际的情况是只花了3年时间，也就是1981年，太平手袋厂就全部还清了张子弥的设备款，整个工厂都是太平手袋厂自己的了。

“三来一补”内地合作方的积极性在哪里？

1978年党的十一届三中全会还没有召开的时候，与所谓的“资本家”合作，还是需要一定的勇气的。但当时正值知青回城，就业机会僧多粥少，工厂人多业务少，经济压力特别大，张子弥的来料加工贸易，正好拓展了就业的渠道，因此，太平人决定奋力一搏。

港商带来了什么管理经验？

太平手袋厂有明确的厂规厂纪，靠制度管人。当时根据张子弥的建议制定的管理制度是手写的，贴在工厂的大门上，上面规定迟到要罚钱、不准抽烟等等，这在当时其他厂都是没有的。太平手袋厂里按照制度扣罚金，这在当时是非常先进的。

港商的收获有多大？

太平手袋厂刚建大约半年多的时间，张子弥已经把他在香港的厂全部搬到了这里，然后他又在珠三角其他城市陆续开始办厂。

内地合作方的收益有多大?

刚开始的时候，太平手袋厂还没有自己的厂房，是借太平竹器厂的厂房。后来太平手袋厂一下子工资翻了几番,竹器厂的人都羡慕得不得了。所以只花了不到半年的时间，太平手袋厂就兼并了竹器厂和旁边的综合修配厂。这两家都是东莞县第二轻工局的下属企业，手袋厂的厂房面积一下子就从 200 多平方米扩大到 1 万多平方米，生产规模迅速扩大了。

太平手袋厂的成功引起了一系列的连锁反应。很多港商到太平手袋厂参观，放下了对内地政策的各种顾虑，并决定到内地投资建厂。转眼间，太平手袋厂附近就建起了五金厂、拉链厂、印花厂等一系列与手袋厂配套的“三来一补”企业。短短十余年时间，东莞“三来一补”企业遍地开花，大大小小、星罗棋布的工厂，散落在东莞各镇村的街巷农舍。至 1988 年年底，东莞“三来一补”企业已达 2500 多家，遍布 80%的乡村;至 1991 年，引入境外资金高达 17 亿美元。东莞从一个默默无闻的农业小县城，一跃成为一个全国知名的工业化城市。“三来一补”企业的成功引起了全国的关注，一时间，“三来一补”“两头在外”“借船出海”等新鲜词迅速流行开来。“东莞模式”“太平模式”被全国各地广泛采用，吸引外资发展经济成为全国潮流。

宝安的“上屋模式”

陈灼灵说得很清楚，以前的公明是个粮仓，是个很纯粹的农业镇，连东莞县第二轻工局、太平服装厂这样的底子都没有。深圳其他地区的工业底子也很薄。深圳第一个“三来一补”企业的发展情形就跟东莞太平手袋厂截然不同。

深圳“001号三来一补企业”是宝安石岩上屋怡高电业厂（简称怡高厂）。

怡高厂最初酝酿的时间其实比东莞的工厂早。1978年年初，经由一位祖籍宝安石岩的香港商人牵线，香港怡高实业有限公司计划在石岩镇上屋村投资开办一个加工厂，为香港加工生产吹风机里的发热线圈。讨论了半年多后，上屋大队党支部支委决定引资办厂。但是迟迟没有正式签约。直到1978年12月18日，党的十一届三中全会在北京开幕，改革开放的序幕正式拉开。就在这一天，深圳轻工业进出口支公司、宝安县石岩公社上屋大队与香港怡高实业公司签下深圳市“001号”办厂协议。上屋村引进香港资本，完全是民间渠道，基层探索，没有华润这样的央企背景，哪怕认准了的事情，没有政策支持，也是不敢贸然行动的。上屋怡高厂起了个大早，赶了个晚集，被后来的太平手袋厂抢走了中国内地“三来一补”企业的第一号。

根据协议，怡高厂由石岩公社上屋大队提供生产工人，香港怡高实业公司提供资金、设备、原材料，进行补偿加工贸易，并支付工人工资。因为上屋大队是个基层农村组织，不是一个像东莞太平服装厂那样的工业企业，并没有现成的厂房、设备和工人队伍。怡高厂成立之初，根本没有工厂场地，就把生产车间设在村委会办公楼的二楼，车间仅有 1 条生产线，整个场地不足 200 平方米。这是在比东莞太平手袋厂条件差得多的基础上创办起来的“三来一补”企业，对于珠三角广大农村地区，更加具有复制性。

工厂招收的第一批 25 名女工全部是上屋本地人，虽然都是村民，都具有小学学历，但都不是产业工人。当时上屋村村民人均年收入 110 元人民币左右，平均每个月收入 10 元不到，全部为农业收入，而这些女工在怡高厂一个月就可以赚到 80 多元钱。这种模式让村民们得到了实实在在的收益，从而激发起村民大办“三来一补”企业的积极性。

1979 年年底，怡高厂的加工收入达到了 30 万元港币，这个积累很可观。于是企业建起了两栋厂房，生产线逐年递增。有了怡高厂的成功案例，石岩各村都开始积极发展“三来一补”企业，充分利用现有条件，将旧祠堂、旧仓库及生产队集体所有的农舍改建为厂房。1979 年以后，“三

1979 年以后，“三来一补”企业像雨后春笋一样遍及深圳宝安。许多村、镇的仓库、食堂、祠堂等都被用作厂房

来一补”企业像雨后春笋一样遍及深圳宝安。许多村、镇的仓库、食堂、祠堂等被用作厂房。深圳逐步走上集资、合作、独资、联营建厂的快速发展轨道，来料加工企业形成规模。

上屋模式的“三来一补”企业的特点是：“三来一补”企业由镇、村提供加工工厂所需厂房、基础设施（水、电、交通、宿舍）及劳动力，港商提供机器、产品零件、原料、管理人员，组合成一个相辅相成的生产、技术、管理和销售网络。这类企业从签约到投产只需几个月时间，具有投资少、用人多、风险小、创汇多等特点。上屋模式“三来一补”企业不像东莞太平模式，不需要找现成的工厂企业合作，有地方、有人，通电、通水，就行得通，星火燎原般迅速在没有工业基础的农村地区普及开来，而且随着企业盈利增加，收入积累越来越多，投资不断升级，雪球越滚越大。

1980 年，石岩镇开始实行家庭联产承包责任制，改变过去高度集中统一的经营管理模式，解放了农村生产力，大批农民“洗脚上田”（农村富余劳动力脱离农业，进城务工、经商等），经商或进厂。

1986 年，石岩辖区共吸引投资 2793 万元，兴建标准厂房和宿舍 19 万平方米，其中生活配套设施 3 万平方米，建成了用水、供电、道路和通信设施比较完善的 6 个工业区，引进设备价值 9450 万港元，先后办起了制衣厂、玩具厂等“三来一补”企业 29 家；另有村办企业 33 家，从业人数 4500 人。生产项目有电子元件、电器、钟表等。产品销往欧美、中东、日本、东南亚以及中国香港等地。创维、艾美特、恩斯迈、欣旺达、惠科电子等 188 家国家级高新技术企业都曾在石岩生根发芽、茁壮成长。

怡高厂也伴随着石岩的发展而壮大。1988 年，厂里的设备从需要脚踏、手摇等手工操作的简陋设备，换成了机械化设备，实现了生产半自动化。生产的产品也更为丰富，吹风机、咖啡壶、多士炉（烤面包机）等数十种家用电器远销海外，每年上缴利税 2000 多万元人民币。1989 年，工厂更名为“上屋电业（深圳）有限公司”。2003 年，怡高厂搬到了现在的坪山区，并更名为全能电业科技（深圳）有限公司，企业不断转型升级，逐步走上高新技术发展道路。2008 年，宝安区将怡高厂的旧厂房改建成劳务工历史博物馆，打造出中国第一座以劳务工历史为题材的专题博物馆，博物馆里展示了怡高厂三条不同年代的生产线。2010 年，宝安区和石岩街道将怡高厂成立的故事搬上了话剧舞台，这部名为《突围 1978》的话剧作品在当年的全国戏剧文化奖优秀剧目调演中获得 6 项大奖，并斩获综合最高奖项“原创剧目大奖”。

宝安逐步走上集资、合作、独资、联营建厂的快速发展轨道，来料加工企业渐成规模

公明工厂是“90 后”

光明离虎门太平手袋厂不远，离石岩上屋村更近。光明的外向型工厂还真有太平模式，也真有上屋模式。

1978 年，越南排华很严重，几十万归国华侨需要安置。时任国务院侨务办公室主任廖承志在深圳接待安置越南归侨会议上说：“在西贡有不少电子厂，华侨技术工人多，我们在华侨农场办电子厂安置他们，可发挥他们的作用，做加工贸易，收效快，大有奔头。”经过多方联络、考察、谈判，1979 年 3 月 15 日在国务院侨务办公室领导主持下，广东省华侨农场管理局与香港港华电子公司在北京签署了“光明华侨电子厂合作协议书”。随即组织 50 余名归侨侨眷职工在光明华侨畜牧场开始来料加工收录音机机芯，一年获纯利 83 万元，利用境外资金打响了第一炮。后来，廖承志主任根据中央精神进一步提出：要用我们的土地资源和劳动力优势，同境外搞合资经营。于是双方于同年 12 月在广州签订了“广东省光明华侨电子工业有限公司合资经营协议书”，并成立第一届董事会。中国第一家合资的电子企业就此诞生。光明华侨电子厂，以既有企业为依托，来料加工收录音机机芯，与太平手袋厂一样，是典型的“三来一补”企业。不过，这个加工企业设在光明华侨畜牧场沙河分场，虽然与光明农场有关，却不在今天的光明区，而是在今南山区的华侨城。后来光明华侨电子厂升级为合资企业，生产自有品牌的收录机、彩色电视机、音响组合、计算器、电子表、电子玩具、微型电脑及其他电子产品，这就是后来的康佳电子。

还有光明奶牛场，也属于引进境外资金。当时是从新西兰引进了一批奶牛，海运过来的，经过了许多波折。后来，光明奶牛场发展成为一个很有成就的企业，生产的牛奶直接供应给香港，而且供应量差不多占了香港购买的牛奶的50%，这就是现在赫赫有名的“晨光牛奶”。光明奶牛场当然是在光明区，但是，这已经超出了“三来一补”企业的初级形式。鉴于依托光明华侨农场展开的各种内引外联的企业故事，已经在《寻找光明记忆：农场往事》里有了更详细的叙述，这里就不作为本书讲述的重点了。

相对于光明华侨农场的大手笔引进，公明镇“三来一补”企业大多还是上屋模式，只是公明的工厂时代，比起深圳其他地区似乎要来得晚一些。

陈灼灵反复提及：光明华侨农场，当然以农业为主业，公明镇也是以农业为主。湖南、江西也算是农业大省，但是平均一人一亩三分地，耕地其实是不够分的。公明镇一个劳动力要耕种十几亩地，不包括旱地，全是水田。不是劳动力的人减半，但是最少也不会少于每人5亩水田，旱地另外算。种这么多田，耕这么多地，很辛苦的。我们种田都种怕了，就请潮汕人来。广东潮汕地区人多地少，潮汕人喜欢种田，有句话说潮汕人“种田如绣花”，很精细。所以最早来公明地区的外地人除了国外回来的华侨，就是潮汕人。

当东莞、宝安其他地方的“三来一补”企业搞得热火朝天的时候，公明这个地方几乎还没有工业。石岩就在公明隔壁，石岩的“三来一补”企业动静很大，但是公明只能干瞪眼，白着急。为什么呢？因为公明是粮仓啊，规划中的定位就是农业区，耕地红线绝对不能碰。打擦边球也不是没试过，公明公社的老书记陈克明试着将一块2.9亩的农地转为非农地。结果，全市通报批评，差一点连乌纱帽都保不住了。

直到1990年10月份，大家开始形成共识：我们不发展工业是死路

1992 年之后，大量港资企业、台资企业到公明来投资办厂，形成一股潮流

一条。年底开大会时，在三级干部会议上做报告，做动员，结果没有一个村子、没有一个人敢动。转过年来，眼看就是 1991 年清明了，又开第二次动员大会，这样大家才行动起来，泥头车、推土机全部都动起来了。当时有一个名为万头猪场的养猪场，大家要动这块地，市里边有个分管领导到了现场，一看我们填了那么多农田，立即就板起了面孔。所以直到现在，公明还是保留了很多农业用地，尽可能地保护了耕地，要不现在光明区哪里还有这么多空地？

陈灼灵说，公明工业化用地的突破，最后是得到了省里的支持。“广东省委机关报《南方日报》对公明工业用地问题作了报道，我当时是总经办主任，正好分管这个工作，我记得是发了个头版头条，对我们支持力度很大。这是 1991 年的事情。这以后，公明就开始大规模地引进工业项目，迎来了一个为期 10 多年的黄金发展期。到 2000 年左右，公明的加工工业已经很成规模了，公明由一个农业大镇，变成了一个名副其实的工业区。”

陈灼灵回忆，“在 20 世纪 90 年代以前，公明并不是一家三资企业都没有。1979 年光明华侨畜牧场与香港豆品有限公司签约，以补偿贸易形式发展奶牛生产和鲜奶出口；筹办畔湖鸭场，签约出口香港活鸭。这算是比较早的企业了。这些企业都有一定的国企背景，光明华侨农场就是级别很高的国营农场。非国企背景的‘三来一补’企业也有很早的，但是规模都比较小，游击队似的，名字都记不住了。1988 年，港商郑国伟投资的楼村手袋厂算是来公明比较早的‘三来一补’企业了。陈钧辉的泰兴冠华是 1989 年就来了，还有陈伯雄的勤兴。记得有一个两兄弟开的海洋海绵厂，专门做沙发、床垫、发泡胶，以前香港雅兰酒店都是他们的。那个时候有个沙发是很高兴的事。我找他们买一组沙发，要 7000 元。他们是比较有钱的，我们凡是去香港搞什么活动，基本上是在他们的酒店里面住。这些都是来得比较早的企业。但是大量的港资企业、台资企业到公明来，是在 1992 年以后。那时邓小平同志视察深圳，引起很大反响，境外商人投资很热烈，形成了一股潮流。到 20 世纪 90 年代末，公明商会有近 500 个企业会员。其中，港资企业 260 多家，台资企业 220 家左右，国企、内资企业相对比较少。这个比例当中，台资企业算是比较高了。公明的工业化起步比较晚，20 世纪 90 年代赶上台商投资潮，所以公明的台资企业比较多，公明的台商企业协会也比较活跃，这算是

20 世纪 90 年代以前，光明区“三来一补”企业规模都比较小，至今鲜少有人还记得

公明的一个特色。

“台商中，吴永樵是1993年以前就来了，他是第一届公明台商协会会长。庄世良是第二届公明台商协会会长，他办了一个大工业区，是比较有影响力的。说起来，第一家台资企业落户深圳是在1982年。当然，现在深圳引进的台资企业超过6000家了，台资企业出口额约占深圳市出口总额的五分之一左右，在深圳居住的台胞及其家属有5万多人。1990年，深圳台商协会成立。深圳也成为祖国大陆第一批成立台商协会的城市。光明台商联谊会是1994年成立的。现任深圳台商协会常务副会长兼秘书长卢政群，以前就担任过深圳台商协会光明联谊会会长。他来得也很早，但不是第一代，他是随他父亲来的。”

陈灼灵说：“当初港商、台商做什么行业的都有，手袋、玩具、文具、文胸、海绵、五金、模具、熨斗、电磁灶、鞋、电视机……做什么都好赚钱。当时从境外来投资的独资企业少。独资企业的投资总额度起码要3000万美元。这个门槛很高。港资、台资企业还是初加工企业多，他们赚加工费，人口红利。

“最赚的还是买地的企业。地分几种类型，如果是商业用地，一般有效期是50年。厂房用地，建厂房的，是30年。其实当时具体签多少年我们也不是太清楚。怎么说呢？是村里签的，比如说某某村有老板来投资了，看中一块地，大家商量好，就行了。

“买地和租地有什么区别？买地就是一次性把钱交了，租地就是一年一年交。买地当时相对来说是比较便宜的。早期不用说了，35元到50元一平方米。最多100元左右。凡是买下地来的老板，无论是破产或者是所谓迁移，只要他现今还有那块地，那就大赚。一般来说，现在卖地一个平方米差不多1万元，一亩地660多平方米，就是665万，如果超过1万元就700万。你办企业什么时候能赚到700万？我们就有个台湾老板，他就买地。刚开始打了折，有优惠，买了块地，55元钱一平方米，现在卖给人家做房地产，1 万多一平方米，55 元到 1 万多元，你看它上涨了多少？ 200 倍差不多。这个就是土地红利。

“工业产品要销得出去，工厂才赚钱。‘三来一补’企业就是‘两头在外’，参与国际经济大循环，这样人家才能赚到钱。工厂赚了钱，招的工人就多，城市就旺起来，房地产也就跟着值钱了。就是这么个道理。

“本地人、内地人做企业的多不多？不多。刚开始谁都没经验，也没有资源，也没有国际市场渠道。我们 1995 年做过一个电磁灶项目，还想做防弹衣项目。专门去上海、杭州学习，请来专家教授技术。当时想广东公安干警 2 万人，每人一件防弹衣，2699 元一件，替代进口产品，那是一个多么大的市场啊。可是呢，我跟一个村的老书记做了很久的思想工作，他还是下不了决心。资金不够，没有经验，不敢冒这个险。还是租地、卖地，钱来得快。所以本地人很少开工厂、做实业。

“最初，内地人来到公明开厂的也不是很多，多的是打工赚钱。后来，有些人在打工的过程中学到了技术，慢慢也敢自己开厂了。首先当然是要交学费的，有很多人就是因为学费太高，亏惨了。但是也有很多人挺过来了，而且做得非常出色，比港资、台资企业还出色。为什么呀？因为港资、台资企业都是现成的产品、现成的技术、现成的销售市场，按件计算加工费就好了，不需要太动脑筋。内地人办企业就没这么省心了，又要琢磨产品，又要琢磨技术，还要开拓市场。所以啊，绞尽脑汁地想办法，想啊想，想到了好点子，创新就成功了。你看看街上很多喜德盛品牌的自行车，喜德盛就是在公明办厂创业的，还有黄宏生的创维电视机、张文东的漫步者音箱，都在光明办过厂，这些算是很成功的明星企业。”

光明台商多

采访中，我们从多方面了解到，因为光明工厂属于“90后”，工厂模式已经“升级”。“上屋模式”是村里提供厂房和基础设施，境外企业负责机器、设备、技术、原材料和市场渠道。“光明模式”更简单了：村里提供一块合用的空地就行，或短租，或长租，由境外企业自己建厂房，村里提供施工便利就行，更省心。前来投资的境外企业，也变了：20世纪80年代几乎是清一色的港商；20世纪90年代，台商来了。来光明投资办厂的境外企业，台商差不多占了一半。港商投资的行业是以服装、玩具、五金、皮具、家具为主的传统制造业；台商投资的行业越来越倾向于以电子产品等IT技术为主的新兴产业，即便是做传统家具、塑胶产品的工厂，也更看重技术升级。

台商成规模地投资珠三角，是从20世纪80年代末、90年代初开始的。1987年11月1日，台湾开放赴祖国大陆探亲，隔绝近40年的两岸交流开启。由于赴祖国大陆探亲人员大多要经过香港再到内地，深圳就成了接待第一站。每天，口岸上都涌来众多台湾探亲者。有人回来探亲还不太放心，不敢回到家乡，就让大陆亲人到深圳或香港相聚。1988年，国务院颁布了《国务院关于鼓励台湾同胞投资的规定》，支持、鼓励台商发展，台商蜂拥而入，让“爱拼才会赢”的台商精神广为流传。1988年10月，在深圳宝安西乡崩山脚下，出现了一家台资企业——海洋精密电脑插件厂。首批150名员工从广东澄海、潮州、丰顺招募到深圳。当时，海洋厂一栋五层厂房是租来的，一楼是仓库和外厅，二楼开始空着，三楼办公，四楼装生产线，五楼是宿舍。就是这间不起眼的深圳海洋精密电脑插件厂，日后成长为全球代工大王——富士康科技集团。

深圳台商协会成立于 1990 年 6 月 27 日。协会的会员数由成立最初的 60 家增加至近 2000 家，紧密联系着全市 4000 多家台资企业和在深居住的 5 万多名台胞。深圳台商协会常务副会长、秘书长卢政群曾经担任光明台商联谊会会长，他也是最早来光明投资创业的台商代表。1991 年，因为在台湾的客户转移到祖国大陆发展，卢政群跟随父亲来到深圳投资考察，首站就选在公明。起初，他在深圳、东莞以及其他城市拉业务。那时，无论是深圳市内还是往周边城市，交通都没有现在这么方便。卢政群去广州黄埔一趟得花 4 个多小时。闯荡 5 年后，卢政群于 1996 年在公明买地建厂。

卢政群的橡胶制品厂在光明区公明李松蓢工业区。生产的橡胶化学

品是橡胶行业的“调味料”，就像盐巴、味精、白糖等食品调味料可用于改善食品味道一样，添加这些产品，有助于橡胶在生产制程中展现不同特性，提高橡胶加工效率。营业额由创业之初的 1000 多万元增长到现在近 2 亿元，年产量上万吨。产品供应着安踏、361°、李宁等国内外知名鞋业品牌及比亚迪等五六百家企业。

初来深圳，光明区还是一片郊野，生活条件艰苦，道路交通不便。闲暇时，卢政群最爱的就是挥一挥棒球棒。因为他在台湾上小学时就喜欢棒球运动，于是他就牵线搭桥把台湾的棒球教练引进到光明的学校。在任深圳台商协会秘书长兼光明联谊会会长期间，卢政群成为棒球运动的积极推广者。他为光明的学校与台湾棒球教练的合作牵线搭桥，以台商协会的名义建设球场、组织比赛。2017 年，首届海峡两岸学生棒球联

20 世纪 90 年代，光明周边有不少民办学校，成为珠江三角洲地区教育的后起之秀

赛总决赛在深圳举行，卢政群组织光明区 40 多名小学生到比赛现场参观加油。2019 年，在卢政群积极牵线下，深圳台商协会光明联谊会理事张家豪与在深圳担任棒球教练的原中国台北棒球代表队主力队员吴晋维一拍即合，决定合作在深圳成立专业的棒球推广和培训公司。

光明地域面积小，光明台商数量在深圳台商中的占比并不高，但是光明台商的密度却不小。何以为证？祖国大陆第一家台商子弟学校建在公明，就可以为证。深圳民间智库因特虎曾经关注过公明的一家很有名的学校——华茂实验学校。很多人都以为祖国大陆第一家台商子弟学校在东莞，但是因特虎的调研发现：祖国大陆第一家台商子弟学校应该是深圳公明的华茂实验学校。

很少有人还记得，就在深圳公明的将石围，有一所名叫华茂的实验学校，学生有来自深圳和内地其他城市的，也有来自香港、澳门和台湾的，真可谓是一所“大中华学校”。这些同是黑头发、黄皮肤的“龙的传人”，在绿草如茵的校园里，一起学习、一起生活，健康成长。

这所深圳历史上有名的华茂实验学校于 1996 年秋季创办，包括幼儿部、小学部、中学部，最初只是招收内地学生。当年公明的周边已经是境外企业云集的地方，数以千计的境外企业主要来自中国台湾、中国香港以及日本和韩国。有 22 名境外商人写信给深圳市市长，要求开办国际学校，解决境外商人子女读书问题。举办者敏锐地抓住时机，率先将华茂学校升级为国际学校。

改革开放后，台商子弟学校建设热潮，是海峡两岸文化教育交流史上的重要里程碑

1997 年 8 月，为了解决港商子弟在深圳上学的问题，经国家教育委员会和国务院港澳事务办公室批准，华茂实验学校挂上了“广东香港人子弟学校”的牌子，这是全国第一所专门招收香港人子弟的学校。港校还从香港教育界聘请了知名校长和教师，并全部采用香港教材。

在香港人子弟学校开办的过程中，不少台湾商人、企业主和小业主的子女纷纷前来就读，而且为数不少。当时台湾在深圳的从业人员有 6 万人之多，这部分人的子女读书问题一直是一个亟待解决的问题。经国家教育委员会和国务院台湾事务办公室批准，华茂实验学校于 2000 年秋季又加挂了一块“台商子弟学校”的牌子，台商子弟与香港人子弟共校。

可惜的是，2007 年，华茂实验学校因经营不善停办了。如今，在公明宽阔的松白大道旁，“深圳市华茂实验学校”“广东香港人子弟学校”和“深圳台商子弟学校”这三块曾经闪亮的校牌都已经淡出人们的视野了，如今已是公办的“深圳市光明区高级中学”。这三所招生对象分别为内地、香港和台商子弟的学校，曾经共处同一校园，合称深圳市华茂学园。共存内地教育、香港教育和台湾教育三种教育模式，在全国可谓独一无二的这所“大中华学校”，见证过当年公明和深圳的港商、台商的兴盛。

光明工厂的黄金时段是 1992–200
年，那正是中国**劳动力人口供**
最丰盛的时期。那时光明的工
里到底**有多少打工仔、打工妹**
他们的劳动付出为光明区 GDP
长作出了**多大贡献？**

第三章

女工亚珍的如烟往事

人口红利

有工厂，就有工人。

工人重要，还是资本重要？土地重要，还是设备重要？

深商研究学者老亨认为，首先是趋势重要：世界工厂从英国转移到美国，从美国转移到日本，再扩大到东亚地区，是依内在逻辑和经济规律形成的一股潮流和趋势。因势利导，把握机会，及时进行改革开放，

深圳（宝安）劳务工博物馆是由深圳最早的“三来一补”工厂——上屋怡高电业厂旧址改造而成

这就是政策的优势。中国之所以能在20世纪末叶成为新的世界工厂，是世界经济转移大势与中国改革开放政策完美组合的结果。

大趋势之下，港、台以及国外的资金、技术、设备、经验都很重要，但是最重要的还有两个方面：一方面是与国际市场的联系，没有国际市场，一切产品和劳动都无法变现；二是港商、台商与内地（祖国大陆）血浓于水的亲情与文化亲近。同文、同种的默契，使得改革开放政策能够出台，能够及时落地，能够灵活变通地得到贯彻执行。

除了政策之外，中国大陆还有什么是国际市场梦寐以求的资源呢？一言以蔽之：成本优势；具体而言之：土地成本低、人工成本低。

中国改革开放40多年，很多学者都在讨论总结中国经济增长模式的问题。到底是什么原因，使我们在40年里创造了如此快速的经济增长奇迹？其中，新供给主义经济学把中国模式的成功，归因于“三大红利”。

三大红利，主要包括要素红利、技术红利、改革红利。其中，技术红利则包括第一次工业革命、第二次工业革命、第三次工业革命，也就是说，我们承接了世界经济的转移，也就承接了过去300年西方国家工业革命的所有成就；改革红利，就是改革开放的政策红利，包括了市场化红利和制度改革红利。此外就是要素红利，包括人口红利、土地红利和高储蓄红利等。技术是经济增长的驱动力（driving force），制度是经济增长的条件（precondition），劳动、土地、资本是经济增长的要素（factors）。早期的资本，由港商、台商等输入，而土地和劳动力则由内地（祖国大陆）提供。

土地红利受地理位置限制。深圳地近香港，便于嫁接香港制造业，这是经济特区在深圳建立并取得巨大成就的先天条件。罗湖、蛇口分别是陆路和海路上最方便往来香港的，因此开发得也最早，土地价值最高。光明偏居深圳西北，交通不便，加之农业发达，土地的工业价值一时体现不出来，因此开发得较晚。但是到20世纪90年代中后期，光明大片未开发土地，在整个深圳地区都是稀缺的。光明的后发优势之一，就是土地。

经济增长最灵活的要素是劳动力。

1978 年之前的计划经济时代，我国绝大部分的劳动力都滞留在国有企业和农村公社中，劳动力向外流动被严格限制和管控。1981 年，中共中央、国务院发布《关于广开门路，搞活经济，解决城镇就业问题的若干规定》，解开了对城镇职工流动的禁锢，但是依然严格控制农村劳动力进城务工和农业人口转为非农业人口。当时的政策规定：严格控制从农村招工，认真清理企业、事业单位使用的农村劳动力，加强户口和粮食管理。1984 年起，党中央和国务院出台一系列文件，对农民进城进行了正面肯定。随后的数十年间，我国的劳动力流动，尤其是农村劳动力流动经历了政策上从允许到鼓励、路径上从盲目流动到有序流动、形式上从独自流动到举家流动的转变。改革开放以来的人口流动，是中国有

深圳（宝安）劳务工博物馆目前已征集劳务工史料及文物标本 6000 多件（份），基本陈列厅展出约 900 件（份）

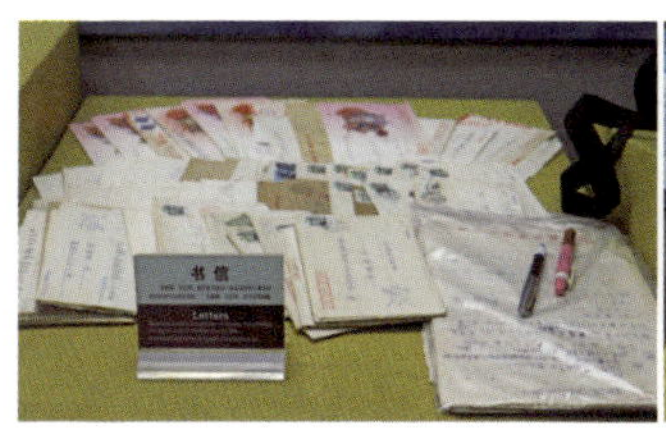

深圳（宝安）劳务工博物馆内展出的书信、明信片，以及写在记账单上的爱情日记

史以来最大规模的人口迁徙，在世界历史上也令人叹为观止。

统计显示，中国在 1950—1958 年、1962—1975 年和 1981—1994 年经历了 3 次人口生育高峰，新生婴儿规模巨大，年均出生人口数分别为 2069 万人、2583 万人和 2239 万人。遵从人口发展的惯性规律，在改革开放之后，3 个出生队列正好陆续步入劳动年龄且相互叠加，劳动力规模持续扩大。1978 年 15—64 岁劳动年龄人口数为 5.59 亿人，1981 年突破 6 亿，1986 年超过 7 亿，1995 年达到 8 亿，2002 年超越 9 亿，2011 年跨过 10 亿，2013 年达到峰值 10.06 亿。从 1978 年到 2013 年，正是深圳工业化、城市化突进的时期，也是中国作为世界工厂从崛起到鼎盛的时期。中国的劳动力供应几近无限，而世界向中国转移的劳动密集型产业则恰好需要几近无限的中国过剩劳动力。

深圳在 1979 年建市时常住人口仅有 31.4 万人。蛇口招工、罗湖开发，大量从惠州、潮汕等农村地区招人。为了组织上规模的城建队伍，深圳一次性成建制地接收了 2 万多名转业的基建工程兵。深圳经济特区建立之后，率先探索实行暂住证、人才入户等政策，逐渐拆除了人口流入的制度障碍。2020 年，深圳的常住人口已达 1756.01 万人。1979 年的深圳 GDP（生产总值）仅为 2 亿元左右，人均 GDP 只有 606 元；那时香港 GDP 为 1490 亿元，是深圳的 700 倍，人均 GDP 为 30238 元，是深圳的 50 倍。今天，时光荏苒，2020 年的深圳 GDP 就达到 2.7 万亿元，一举超过了同期的香港。深圳经济特区的发展广泛吸纳了全国的人力资源和人力资本，是我国依靠劳动力要素自由流动收获经济红利的典型。

光明工厂的黄金时段是 1992—2008 年，那正是中国劳动力人口供应最丰盛的时期。那时光明的工厂里到底有多少打工仔、打工妹？他们的劳动付出为光明区 GDP 增长作出了多大贡献？一时之间，我们无法获得确切的统计数字。有没有比统计数字更有意义的存在？

我们来到与光明一路之隔的石岩，在全国首个劳务工博物馆里逡巡徘徊。这里曾经是深圳最早的“三来一补”工厂——上屋怡高电业厂。原来的工厂已经不在了，工厂旧址改造成了博物馆，并在标志性的 2008 年开馆。展厅里一幅巨大的浮雕迎面而来：一群身着厂衣、满面春风的女工迎面走来，洋溢着青春的气息。博物馆完好保留了当年的流水线和深圳早期打工者的旧物件。

隐藏在工厂里的写作者

在今天的深圳文坛依然活跃的打工作家中，谁能像孙猴子一般钻进光明工厂普通打工者的肚子里，翻腾出工人们的一肚子心事？

深圳诗人谢湘南，用诗一般的笔触记录下 2000 年与段作文的第一次见面：他穿拖鞋、大裤衩、一件褪色的破 T 恤，皮肤黑得像被雨淋湿的煤块，胸前挂着一个厂证，是一个小私营表带厂的小组长。穿过出租屋巷道间凌乱的沙堆，他领着我与我的同伴来到他租住在七楼的屋子，屋子内除一架双层铁架床，床上几件杂乱的行李，一根拉在床架与窗框上的晾衣绳，一口小锅、一把菜刀、绳上的一挂衣服，别无他物。交谈在黄昏时的屋顶上进行。他低沉地讲述：高考落榜，从四川广安出发，曾在福建石狮山坳里搬运过石头。1994 年，他来到龙岗。又从龙岗到惠州再到龙岗。因失恋，曾忘记写字。数度颠沛流离，他与老婆的工资加在一起每月 1800 元。他有一个 1 岁的女儿，还有一个上高中的弟弟。谈起写作的障碍他只有一个词：加班。他摒除乡土的自卑，有一个想法：等条件好了，买一台电脑，要写出比贾平凹还好的作品。

生于 1973 年的段作文，1992 年高中毕业后，就出来打工。从福建到广东，从深圳到惠州，从龙岗到龙华，从福田到宝安，从搬砖头到修电车，从普工、仓管、车工，到小组长、生产主管、厂长，21 年时间一直在小厂打工，也一直有爬格子的爱好。他也有过到杂志社当白领的尝试，有过回老家不出来了的冲动。但是上有岳父岳母，下有女儿一双，还有个读书的弟弟需要学费生活费，他不得不在工厂与写作之间挣扎，在故

数十年来，段作文一边打工，一边抽空写作，获得许多大小奖项。2015 年，凭借《再见，固戍》斩获该年度深圳“睦邻文学大奖”年度大奖

乡与深圳之间徘徊。

他把恋爱失恋结婚育女、父亲离世小弟上学的悲喜写成文字，交到了两位好友：广东梅州的郭海鸿和湖南桃江的郭建勋。前者不但办起《加班报》，还率先喊出“在车间为老板加班，回到宿舍为自己命运加班”的口号；后者就是打工作品被拍成同名电影的《天堂凹》的作者。他们都是深圳小有名气的打工作家。在他们两个的鼓动下，段作文到杂志社上过半年班，半年之后，杂志社倒闭。他又动了回老家当自由作家的念头，为此他买了平生第一台电脑。岳父不吭声。岳母想了想说，床前三双鞋，凡事三思而后行。妻子急了：“全家老少，住在草屋里，弟弟等着钱上学，你一门心思想写什么文章，不觉得自私吗？你的那点稿费不够买邮票，你以为我不会算账？赶快回深圳，给我乖乖进厂！”

就这样，段作文又回到深圳，夹着尾巴进了厂。一边忙乎计件活儿，一边抽空写点什么。他曾经在《大鹏湾》杂志上发表过一篇关于母亲的散文，编辑王十月加了一段令他终生难忘的按语：“有人问我怎样才能写出好文章，我想段作文可以告诉你。他的文章是蘸着泪水写成的，读完此文，我已泪流满面……”段作文读到这篇按语时，真的哭了。他决计把写作坚持到底。

2008 年年底，深圳市宝安区作家协会有个征文活动，段作文一笔一画打着草稿写出来一篇稿子，结果得了一等奖。拿回来哗哗响的 3000 元奖金，妻子没反对他装电脑。只是液晶显示器太贵，家里刚盖了房子，还欠着钱，弄个旧款台式的将就着。后来几年里，段作文用这台电脑写了二十来篇小说，参加好几个征文比赛，大部分都发表了，有的还获了奖，包括 2014 年的“龙华草根文学奖”。谁知道，好运还在后头。

2015 年 11 月 10 日晚，第三届“睦邻文学奖”颁奖典礼在深圳大剧院隆重举行。段作文凭借《再见，固戍》斩获该年度深圳全民写作的 5 万元最高奖——“睦邻文学大奖”。他以朴拙而深情的文字，忠实记录、再现了多年打工生活。作品以其表达社会转型期打工者的迷茫与阵痛而获得了“睦邻文学奖”终评委的高度评价，认为这种“直面真实的生存困境，并在现实世界挣扎之际不断反思并详尽记述”，紧贴着生活与工作的写作，“才是真正的‘打工文学’，也是‘打工文学’难能可贵的价值和意义”。

这位来自四川广安、用皮肤感知生活温度的打工作家，是深度采访光明工厂、走进工人内心的最佳人选了。采访谁呢？光明工厂尚多，工人更多。“60 后”“70 后”的打工者已然少了，不是回了老家，就是自己创业。创业的这一拨儿，留待别章采写，依然还在打工的往往都好静不好动，生活平平，故事不多。“80 后”“90 后”，赶上打工潮的尾巴，他们的故事新鲜有余，深厚不足。男工与女工不同，大厂工人与小厂工人不同，广东籍与外省籍的打工者也不同。经过反复筛选，段作文把采写对象聚焦到湖北籍女工亚珍和她的潮汕籍丈夫身上。他们来深圳早，来光明早，打过工，创过业，离开光明，又回到光明。很多打工者的经历，他们也经历了；很多打工者的梦想，他们都实现过；很多打工者没有过的故事，他们的传奇里有。在一个劳动密集型的世界工厂里，在光明工厂的时光荏苒中，在打工作家段作文的笔下，有这样一个女工，有这样一段人生——

一个光明女工的如烟往事

满怀悲痛远走他乡

到公明镇塘尾村雅麟塑胶（盒带）厂做装配工之前，亚珍已在东莞雁田的得利钟表厂做了一个月维修工。

1993年，松白路尚未建成，整个公明片区交通极其落后，工厂数量及生产规模尚不如紧邻深圳龙岗的凤岗镇。据亚珍回忆，在凤岗雁田一带，20世纪80年代末已有成片工业厂房，她的一个表哥就是他们村较早来到珠三角打工的那批人之一。表哥在老家会开车，到东莞后并未进厂，而是去了雁田一个菇场送货，把整车的蘑菇供应给远近的工业区和工地。

亚珍于1971年出生于湖北崇阳。表哥去东莞打工那年，亚珍刚满15岁，正读初二。从亚珍记事起，父母看上去就很苍老，因为她是家中最小的孩子。她有4个哥哥，父亲在她很小的时候就去世了，而母亲去世后，亚珍只好与尚未成家的小哥相依为命。小哥聪明好学，与表哥一样，会开车，常年带着侄子和一个亲戚跑长途运输。虽然父母早逝，但小哥稳定的收入足以让亚珍衣食无忧。所以，21岁前，亚珍对生活仍然充满了美好憧憬。那个年代，女孩能上完初中已属不易。初中毕业后，她并未像村里别的女孩那样急着外出打工挣钱养家，她只想着把院子收拾干净，种好庄稼，多养些鸡鸭，多栽种些瓜果，让那些带着姑娘上门为小哥提亲的媒婆把她好好夸奖一番，以便自己也能处一个如意的对象。在那满怀希望如花似玉的六七年里，每当夜色降临，亚珍便独自坐在院门前的桃树下，想象着小哥牵着新娘的手走进家门后自己就可以找一个好婆家了。

然而，在亚珍21岁那年，出车到北京的小哥却永远离开了她。那是一场极其惨烈的车祸，车上除了小哥和侄儿，还有一个亲戚。多名亲人的突然离世，令整个家庭处于极度悲痛之中。20岁出头的亚珍整日以泪洗面。她太爱她的小哥哥了。快30年过去了，再次回忆起那件令人心碎的往事，亚珍仍禁不住悲从中来。

小哥离开后，无论白天还是夜晚，一旦见到为小哥准备的新房和打制的新床，亚珍都会失声痛哭。兄嫂们担心她难以承受如此沉重的打击，只好写信给东莞雁田的表哥，让她外出打工，远离那个令她悲痛欲绝的出生地。

与大部分出门打工的兄弟姐妹不同，亚珍踏出家门的那一刻，想到的不是挣多少钱寄回家，也不是以后能成就多大的事业。她唯一的愿望就是去一个陌生环境，让时间慢慢抹掉失去小哥的悲痛，慢慢治愈心灵的创伤。

到达东莞雁田后，无论是明媚的阳光、茂盛的植物、繁忙的工地、匆匆的脚步，还是人来车往和一张张复杂而年轻的面容，都给了亚珍面对生活的勇气。表哥希望她在菇场多休息两天，忙完后再带她去找厂。亚珍却对表哥说，父母不在了，小哥不在了，三五年我也不想回老家，随便找个工厂上班就行，厂里人多，能说说话就好。

亚珍有初中毕业证，人也高大漂亮，进厂并不太难。从菇场出来，步行两三里便到了雁田第一工业区。亚珍仍记得，那是一个中午，正值下班高峰期，一群群年轻的男女工从成排的厂房出来，穿着工衣拿着饭碗，打仗一样涌向工业区食堂。亚珍站在马路上，看着从食堂出来的工人，发现他们的饭菜非常简单，有的是几片白菜，有的是几坨土豆，有的是跟筷子差不多长开了花的青菜（菜心），几乎没有一个碗里有肉。她不知道自己能否适应这样的生活，不知道他们一边吃饭一边津津有味地谈论着什么，更不知道他们坐在机器前到底干着怎样的活儿。那一排排厂房门口，大多挂了五金厂、纸品厂、工艺厂、印刷厂、钟表和电子厂的牌子。那些牌子五颜六色，有英文有繁体字，在阳光下格外耀眼。

亚珍在工业区门口的一个炒粉店要了一碗汤粉。她吃得很慢。她专注地看着马路上来来往往的工人，有的手牵着手说说笑笑，有的捧着信纸读着家书，有的看着杂志或报纸，有的则去士多店喝汽水吃冰棍。她在炒粉店就那样坐着，直到上班铃响后每个工厂都关上了大门。

然后，她从炒粉店出来，刚上马路，便有人吼“钟表厂招工了，得利钟表厂招工了！”，眨眼之间，大街小巷便有近百人涌向得利钟表厂。亚珍人高腿长，又离得利厂近，在奔跑的人群中抢占到了有利位置。她把着铁门，手一伸，身份证就被保安接住了。

她顺利地进入得利钟表厂，并被分配到了修理组。在当时，得利钟表厂也就一百来人，属于典型的来料加工企业。修理组工作较为轻松，每月加班多，能拿到300多元。但是，工友们大多是“两广”人，说白话，几乎从不跟她这个湖北妹交流。繁重的工作加上小哥去世带来的巨大悲痛，让亚珍坐在工位上总是走神，还常常被管理人员批评和罚款。

表哥成天忙着送蘑菇，亚珍不想把厂里的情况告诉他，只好给他姐姐（亚珍的表姐）写信。表姐在公明镇塘尾村雅麟塑胶（盒带）厂做装配工好几年了，小哥去世前她们就有联系。当时家人听说深圳查暂住证很严，所以没让她去公明镇找表姐。亚珍在信中告诉表姐，她一个人在东莞很不习惯，每天车间、宿舍、饭堂三点一线，没人跟她说话，像个木头人。表姐回信说过来进厂可以，但是厂里伙食很差，一年到头难吃到一个鸡腿一片猪肉，住宿也紧张，还天天加班，出粮（粤语，发工资）前经常加通宵，睡一上午又接着上班。亚珍说她不怕加班，只要每天能听懂别人说话就行，在这个表厂，他们骂她都听不懂。

亚珍当年来公明的时候，公明连一条像样的马路都没有，如今到处都是宽敞大道和林立的厂房

收到表姐回信的当天下午，亚珍便回宿舍收拾好简单的行李，然后去办公室哭闹着拿回身份证。在那个年代，工人进厂之后身份证会被扣押在人事部，离开工厂时才能取回。亚珍提着一个牛仔包，拿着放行条和身份证，到了厂门口却被门卫拦住了。门卫检查完她的行李，又叫来她的室友去宿舍确认各自的行李未丢失后才予以放行。

“转一次厂，真是很难。”后来亚珍对表姐说。

那是 1993 年秋天，公明连一条去深圳市内像样的马路都没有，工厂也很少，但是离 107 国道近，紧邻石岩、沙井和松岗，来来往往找工作进工厂的人特别多。表姐在盒带厂算是老员工了，跟车间里的管理人员都比较熟悉，但是再怎么熟悉她也得按规矩办事：进厂必须给 450 元介绍费。介绍费是表姐垫付的，由车间主管收取，然后分给人事部主管和接收员工的拉长（生产线在工厂里被称为“拉”，每条“拉”都有人负责，负责的人被称“拉长”），每人 100 元。剩下的 150 元，则由表姐出面请相关人员在厂门口对面的排档吃炒田螺喝啤酒，说是彼此认识认识，以后就算工作上不能特别照顾，至少不会刁难她。

进入盒带厂后，亚珍被分配到注塑部。注塑机 24 小时作业，工人则两班倒，早 8 点对晚 8 点，每天工作 12 小时。注塑车间里又热又臭，亚珍坐在工位上，没 3 分钟便满头大汗。一个白班下来，她几乎虚脱了，躺在铁架床上脑袋嗡嗡响，怎么也睡不着。

宿舍里摆了 8 张上下铺铁架床，却住了 20 多个人。第二天亚珍才知道，工业区里每个厂都在招人，宿舍与厂房不配套，非常紧缺。新招的工人没地方住，那些两班倒的员工全都两人睡在一张单人铺位上，上白班的跟上夜班的轮流睡觉。亚珍没见过跟自己睡同一铺位那个上夜班的工友，她回到宿舍时人家已去了车间。她的行李在报名之后由保安提进来塞在了 213 房间第 7 号床底下。她没去翻找自己的行李。她盯着天花板上哗啦哗啦转着的破摇头扇，见床上有一封写好尚未寄出的信。从信封上她才知道，跟自己同铺的工友来自湖南邵阳，父亲叫张得力。而那工友本人究竟叫什么名字，直到亚珍离开 213 房间都不清楚，因为她们从未见过面。

亚珍在 213 宿舍只住了 4 天，第 5 天就搬进了 413 宿舍。表姐住 413 宿舍 5 号床上铺。看上去，表姐比较幸运，一直在装配部上班，几年来独自住着一个上铺，还拉了床帘。亚珍后来才知道，表姐已经有了对象，男朋友在工地上干活，经常来 413 宿舍过夜。她哭闹着住进去后，表姐就不那么方便了。

如果上夜班，亚珍白天就可以一个人睡在表姐床上，如果上白班，晚上就跟表姐挤在一起。雅麟塑胶（**盒带**）厂的铁架床焊得特别牢实，两个大姑娘挤在单人床上，半夜翻身也不会有什么声响。可是有天半夜，亚珍被表姐掐醒了。亚珍睁开眼睛，黑洞洞的宿舍里不但有叽嘎叽嘎的声音，连床身也不停晃动着。亚珍差点叫出声来。表姐赶紧用被子盖住两人的头，细声说，以后你有男朋友就懂了。

在雅麟塑胶（**盒带**）厂的半年时间里，亚珍从未想过找男朋友，因为吃得很差，又特别累，连个起码的下铺床都没有，就算有自己喜欢的人又能怎样？那时候塘尾工业区附近除了厂房和宿舍，再无别的房子，连日杂店和小食店都开在厂房一楼，而且就那么三四家，如果想住旅馆或“8 元店”，得坐摩托车去公明老街或者玉律村。

在盒带厂，虽然工作比在雁田累，吃住比在雁田差，工资也比在雁田低，但隔天能见到表姐，能和她开开玩笑，晚上还能挤在一起聊聊天，亚珍的心情便慢慢好了起来。

亚珍已记不清在雅麟塑胶（**盒带**）厂是怎样熬到 1993 年年底的。她原本打算春节后还清表姐的介绍费，自己有点余钱就转厂。可就在元旦的第二天凌晨，附近一个皮具厂发生了群殴事件。一名被电动啤机（**注塑机**）压断两根指头的四川女工，因赔偿迟迟未到位，纠集了一帮老乡冲入车间。他们不但打砸设备，还把来自河南的生产主管打得头破血流。老板也是河南人，他没报警，而是以恶报恶，不知从哪个工地叫来一卡车人拦在厂门口，与打砸人员干了起来。后来事情越闹越大，为了维护治安，当地派出所对工业区里所有工作人员进行排查，凡是没暂住证的统统拘留遣返。

因为怕查暂住证，亚珍和表姐不敢回盒带厂上班。最后，表姐决定自动离职，带着亚珍去玉律村男朋友的工地上躲避几天。

准表姐夫住在工棚里，每间工棚都住了四五个男工，这对于两个女孩来说很不方便。亚珍在工棚里睡了一夜，第二天便和表姐去长圳工业区找厂。

长圳与玉律相邻，当时的松白路尚在建设中，工厂少，仅有几间棉线厂、手套厂、小型五金厂什么的。表姐看不上这些小厂，一心想去维珍妮内衣厂做车位。亚珍却有别的打算，她觉得自己初中毕业，有文化，钢笔字写得也漂亮，想去一个小工厂做文员。

经过一天寻找，表姐没能进到维珍妮，最后回到了男朋友的工地上，说是等待新的机遇，而亚珍则被一个手套厂录用了。那个手套厂不但大量招普工，还招一名记数文员。招工的说记数文员工作轻松，但是工资比普工更低。

在亚珍的想象中，工厂里的文员应该是一个很有身份很舒服的工种，她便暗下决心在手套厂好好干下去。她原本打算晚上炒两个米粉和一盘田螺跟表姐庆祝一下的，但表姐没答应。

那是1994年元旦后的第四个晚上，亚珍站在长圳村口，在昏暗的路灯下看着表姐远去的背影，再想到自己马上就要成为一名文员了，内心很是复杂。离开家乡不足半年，换了两个厂，尚未挣够出来的路费，这第三份工作看上去不错，但每月工资才200多块，还没加班费，她不知道自己是幸运还是不幸。

每天，亚珍都习惯在走廊上远眺，心生万千感慨

手套厂工资不高，就100多人，其中不但有20多个男工，还有不少上了年纪的女工。他们大多来自湖南、四川和广西，看上去还算和气。宿舍是厂区里搭建的铁皮房，摆了四张单人床，虽然不是上下铺，但风一吹铁皮就会发出哗哗的响声。亚珍想，好歹有了一个属于自己的窝，如果再把铺位收拾一下，床头贴几张印有邓丽君或者刘德华的小贴纸，还是挺不错的。

冰冷的铁和滚烫的心

亚珍写得一手好字，工作认真负责，在车间做了一个月记数员便被人事主管调去仓库做仓管员，说是工资涨到每月320元。仓库里的工作非常繁琐，进货出货、成品废品都得统计。亚珍拿固定工资（月薪），有时等材料入库还得无薪加班。经过先前半年多的磨炼，亚珍已习惯了加班，唯一令她不安的是工资并未如进厂时人事部承诺的那样准时发放。后来她才听说，这个手套厂已经三个月没发工资了，而且就算到了发工资那天，财务还会找出各种借口克扣近百元。于是，她心里越发不安了。

春节之后，原饭堂里的厨师和清洁工被莫名其妙炒掉了，一些老工人也分文不要自动离职了。到了 3 月 15 日晚上，大家终于等到了发工资这天。七八十人围在办公室里，老板却没到场。晚上十点多，门口来了五六个治安仔，一个自称厂长的本地人把大家叫到铁皮棚外面，说老板去了香港，上个月出的货有问题，结算时单价被客户对半砍掉了，大家的工资只按百分之五十计算，如果愿意继续做，就重新签一份协议，立马领工资，如果不想做，马上自动走人，一分钱不给。有几个男工一听便吼了起来，骂老板黑心不要脸！就在大家跟着男工们起哄时，一个胖胖的治安仔打开雪亮的手电筒，冲进人群揪出一个高个子男工就是一阵拳打脚踢。同时，另一个治安仔拿着喇叭吼道，谁再扰乱秩序，统统带去派出所！亚珍知道，厂里的人都没有办暂住证，一旦被带去派出所，至少得花三四百元才能出来。她见所有人突然不吭声了，自己也不敢再说一句话。

与大家一道，亚珍领到了一半工资并重新签了一份进厂协议。新协议不但延长了加班时间，还提高了必须完成的产量，甚至要求大家免费轮流去饭堂煮饭和打扫厂区卫生。

拿到不足 200 元工资，有十几个人当天晚上就被老乡接走了。亚珍也想出厂去找表姐，但外面黑麻麻的，山上不时有狗叫声。她非常心虚，便决定挨到天亮后再说。

到了后半夜，亚珍被同宿舍的工友叫起来。她们说大家都去了厂门口，连保安都看不下去了，让工友们赶紧逃走。亚珍背着行李来到厂门口，发现铁门紧锁，保安正趴在桌子上呼呼大睡。这时，一个男工说，保安在帮我们呢，快翻墙啊！

在夜色的掩护下，工人们纷纷翻出厂门，朝正在建设中的松白路逃去。逃跑的人们惊动了玉律村口值班的治安队。治安队一边呼叫对讲机，一边骑着摩托车追赶人群。有的人被逮住了，有的人逃脱了。亚珍长了一双长腿，幸运地逃了出来，不幸的是装有身份证的一个小包丢了。她跟一个湖南小妹躲进了一片荔枝林，在一个废弃的猪场里等待着黎明的到来。

天蒙蒙亮时，湖南小妹说她叫李桐欣，有个堂哥在龙华三联工业区当保安，如果有身份证可以一起去进厂。亚珍说如果有身份证就好了，我回雁田都行，但是现在只能待在公明了，因为表姐在工地上搬来搬去，以后肯定会来长圳找人，如果走远了就找不到我了。

天亮后，亚珍把那个漂亮的湖南小妹送上车，然后在田寮、玉律一带转了一天。虽然有好几个厂招工，她却因没身份证被拒绝了。傍晚时，她想去办一个假身份证，人家又说要三五天才能办下来。实在没办法，她只好先找一个“8元店”住下来。她问了几个小旅店，人家都说满员了。最后，她花5元钱在一个四川人开的旅店里租了一个地铺。那地铺其实就是一张席子铺在楼梯间里。

那一整夜，亚珍几乎没合眼，就那么背靠着墙坐到了天亮。第二天，她决定回长圳村找工作。长圳村口向东走，大概一公里，有一大片空地，旁边有个模具厂正在招工。她过去一问，人家只招男学徒和一名清洁工。亚珍说我可以做清洁工呀。招工的文员恰好也是湖北人，她说你比我还年轻做什么清洁工？我们的清洁工除了扫地做饭还要清洗模具，用白电油（指正庚烷，因具有高脂溶性和高挥发性，且去污能力强，常在工业上用作清洗剂）洗，很臭的。亚珍便说了实情，说身份证丢了，只要有个工作，干啥都行。

或许因为招工的是老乡吧，亚珍居然顺利地进到了模具厂，但清洗模具的活儿真不是女工能干的，那些沉重的铁块一次次磨破了亚珍白皙的指头，带有腐蚀性的白电油令她脑子昏沉沉的。不过，模具厂跟先前的厂子比起来又有三点好处，一是伙食不错，每天至少有一个荤菜；二是加班时间不长，有时周日不用上班；三是男多女少，模具师傅们工资不低，对亚珍总是笑笑的。亚珍生得漂亮，走在锈迹斑斑的铁堆里就是一道亮丽的风景，师傅们除了对她笑，还常常直勾勾地看着她。对于20岁出头的女孩来说，在车间里引人注目心里自然欢喜，但对于亚珍来说，她的心思并没放在这些模具师傅身上。她觉得他们并不是自己喜欢的类型。他们语言粗俗，满手老茧，喝酒抽烟打牌样样在行。如果要找男朋友，她想找小哥那样的，能干，心好，疼爱自己。所以，不加班时，她就常常一个人去厂对面的荒草坪里坐着，看夕阳慢慢落进玉律村，在晚风里怀念她的小哥。

大概一个月后，厂门侧边搭起了一个铁皮棚。有人在铁皮棚里开了一个小店，店门口摆了一张桌球台。又过了几天，草坪里来了一队人马，开始推土，挖坑，打桩，浇注混凝土，说是要建新的工业区。

工地上的人越来越多，一到傍晚，就有建筑工来小店里打桌球喝啤酒。亚珍常常站在二楼车间的窗口前，看他们打球，看他们谁像自己的小哥。

旧历四月末的一天，亚珍的目光落在了一个高大帅气的小伙子身上。那小伙子打球总是“一杆清”，每打完一枪就笑着抬头朝楼上看。那之后，只要“一杆清”来打球，亚珍就会忘了手中的活儿，站在窗前盯着他笑。

转眼便到了端午，晚上不加班，老板请大家聚餐。晚饭后，师傅们叫亚珍去唱歌，亚珍没去。她独自回到小店里，想看看有没有人打桌球。

或许工地上的人也去聚餐了，小店里空落落的。亚珍望望初夏明净的夜空，又看看路灯下满树的青芒，心里想，如果此刻有人陪着去外面走走该多好啊！

说来也是缘分，没过多久，那“一杆清”就过来了。他似乎预感到亚珍在小店里等着他，特地换了白衬衣，还理了发上了摩丝。

亚珍先打招呼，问他是不是又来打球。他说没对手，怎么打？亚珍笑着说教我呀，教会了天天陪你打。

“一杆清”一听，脸立马就红了。亚珍没想到，那时候他居然那么腼腆。

后来，他们没打球，而是牵着手沿着建设中的松白路去了公明镇上。

他们说了很多话。他说他叫阿设，讲潮汕话，又问了她的情况。再后来，他们花两块钱在公明看了一场录像，然后吃了炒粉和田螺，还喝了啤酒。

他把她送到工厂宿舍。她说你是潮汕人怎么不做生意或者跑业务呢？如果你想在工地上干一辈子，我们就没必要继续下去了。阿设说我干过很多行业，也想好门路了，等这个工地结了账就出来开一个废品收购店。

也就是从那天晚上起，亚珍决定把自己的终身托付给这个会讲潮汕话的阿设。从后来的交往中，她才慢慢知道，阿设比自己大一岁，出生在广东揭阳市揭西一个山村里。他很小的时候母亲就去世了，9 岁时辍学去了汕头舅舅家。15 岁那年，也就是 1985 年，阿设便跟着老家的亲戚去深圳福田做建筑小工。两年后，阿设跟着老乡来到公明长圳学搞装修。他人勤快，脑子活，帮一个香港老板装修厂房时，老板叫他偷渡到香港帮他干活，年薪 5000 元港币。阿设真的答应了，与两个同乡一同从福田渔民村过河去了香港。当初香港老板只许诺请阿设一个人过香港，另两个老乡过去后他不肯付他们工资。阿设没办法，只好带着他们自己找工作，结果不到一个星期全都被遣送了回来。

回到内地后，阿设又来到公明进厂。他先是在光明农场附近的牛皮厂剪边角料，因为太臭，干满一年就辞工了。从 1986 年到 1993 年，阿设先后在公明南光电子、锦富五金、元升集团等厂打过工。他之所以决定开废品店，是因为他在元升集团时，老板娘见他勤快肯干，就把厂里的废品交给他处理。在处理废品时，阿设认识了很多废品店老板，认定收废品是一个有“钱途”的行业。但是收废品一个人做不过来，他便希望成家后有个帮手再说。他 9 岁离开老家，哥姐已成家，自己连间像样的房子都没有，谈了几个本地姑娘，结果可想而知。所以，从元升厂出来后，他又去了工地，没想到认识了亚珍这么漂亮的湖北姑娘。

起初，亚珍觉得收废品并不适合自己。与阿设交往后，她怀孕了，经过再三考虑才决定离开模具厂，用 200 元本钱起家，与阿设在长圳开

亚珍与阿设的结婚证

了第一个废品收购店。

从“破烂王”到“收租婆”

事实上，20 世纪 90 年代，在珠三角地区，收废品特别适合怀孕的女工。长圳村背靠光明农场，荒地多，随便搭个铁皮棚找些石棉瓦一围，废品收购店就建起来了。白天，孕妇在店里负责收购拾荒者的破烂，丈夫骑着三轮车去工地、小店和工业区收废品。晚上，妻子帮手分拣，丈夫清理打包，货多了再分门别类卖给大型废品站。这门路虽然脏累，但比工厂里自由。而那个年代，国民经济正处于快速发展期，政府对资源回收利用行业大力支持，废品物资也很“值钱”。据亚珍回忆，随着公明地区工厂企业越来越多，规模越来越大，纸皮、废铁、废胶等每天源源不断运来废品站，到后来，利润更高的铜、锡、金、银、钨等贵重金属也多了起来。

亚珍的废品店是 1994 年中秋后正式开张的，当时，她已有 3 个月身孕。起初两年，他们的废品生意并不太好，一年到头的收入仅比在工厂上班强一点点。1997年金融风暴期间，一大批中小型企业纷纷倒闭，那也成了废品行业的黄金时期。此外，一些工厂发生火灾事故后，他们的废品站也会特别忙。那两年里，亚珍夫妻俩在公明建了两个废品收购站，可谓财源滚滚。他们不但买了拉货的卡车，还买了新轿车。随着废品业务的不断扩张，亚珍和丈夫不再自己动手分拣废品，他们购置设备，聘请工人，几乎抢占了半个公明镇的废品市场，成了远近闻名的"破烂王"。无论是厂房装修还是工厂倒闭搬迁，无论是工人消费还是企业生产，都会产生大量的可利用废品。亚珍不知道当时整个公明镇有多少个工业区多少家企业，也不知道有多少工厂老板挣到钱了、又有多少企业倒闭了，更不知道每天从松白路上有多少货柜车来来往往、有多少满载着外来务工人员的大巴车穿行。她只记得，到1997年年底，夫妻俩仅靠收购工厂里的废品和工厂倒闭后留下的陈旧设备，存款就高达100多万元。

然而，不是每一个打工者和创业者都会一帆风顺。就在亚珍的废品生意红红火火时，她人生中的第一次沉重打击也毫无防备地迎面而来。

那是1997年圣诞节后的一天上午，丈夫阿设跟平常一样，拉着一大卡车打好包装的废品送往东莞。一个小时后，亚珍从市场买好肉菜回来，刚坐在废品站自家开的日杂店门口，一个老太婆便提着蛇皮袋慌慌张张跑了进来。亚珍认识这个河南老太婆，她平常除了自己捡拾废品，偶尔也会去工厂或小店收点纸皮废铁卖给亚珍。起初，亚珍以为老太婆被查暂住证的治安仔追赶，便让她藏在了杂货店的货柜后面。几分钟后，废品站里突然来了十几个手持铁棍的建筑工，他们说老太婆偷了工地上的物料，便狠狠地揍了她一顿。老太婆哭天无路，亚珍见她实在可怜，只好报警。在老太婆的指认下，治安队不但抓走了动手的工人，还以查暂住证为名从工地上带走了20多人。工地老板不服，打电话叫来一伙人，把亚珍打得头破血流。

阿设回到公明后，亚珍已住进医院。阿设非常气愤，一门心思想搞定工地老板，哪怕花多大代价也要让他坐牢。妻子住院，找关系打官司，控告工地老板，在短短的半年时间里，阿设不但花掉了大部分积蓄，连长圳的废品站也被人拆掉了。最终呢，那个工地老板却逃之夭夭。亚珍出院后，夫妻俩并未因这次意外而泄气。到2000年前后，他们在长圳村礼志厂对面的工业区和长兴工业区租下两片空地，盖了近200间铁皮房，以每间80元到100元的价格出租给附近工业区里的工人。

2001年后，随着中国加入世界贸易组织，珠三角制造业再次迎来重大利好，出口贸易型企业增长迅速。随着松白路、昌玉路的开通，公明西南片区的工业发展势头异常迅猛，原本的鱼塘、荒地几乎一夜间厂房林立。然而，大部分企业员工的吃住问题却得自己解决。他们拿着微薄的收入，不但得去厂外面吃饭，还得去城中村租房。而长圳村紧靠光明农场，工业区里的厂房与宿舍建设并不配套，加上原住民不多，农民房远远无法满足日益增长的员工住宿需求，搭建铁皮房供员工租住便成了厂区业主的权宜之计。

铁皮房成本低廉，租金便宜，很受打工一族欢迎。从2000年到2012年，亚珍那近200间铁皮房的空置率几乎为零，特别是每年年初开工时更是供不应求。亚珍来自湖北农村，无论打工还是收废品，接触的都是低收入的劳动者，如果水电不涨价，她不会私自提高租金。她知道，工业区里租住铁皮房的都是收入低下的一线员工，他们的每一分钱都是用汗水甚至血泪换来的。在那十多年里，她不知道有多少来自湖南、四川、河南、广西等地的兄弟姐妹，因为工厂倒闭或经营困难不能准时出粮而拖欠房租；她不知道有多少男工或女工，因为劳资纠纷未能得到妥善解决而在铁皮房里失声痛哭；她不知道每天晚上有多少夫妻，拖着疲惫的身体回到铁皮房里寻找着生活中仅有的欢愉；她不知道目送过多少熟悉或陌生的背影，从一间间铁皮房里进进出出来来往往。那些无数的租房协议、收款收据、欠条和借条，每一张都书写着一个普通打工者的奇特经历。在经营铁皮房的十多年间，她印象最深的有三件事。第一件事发生在2000年年初，她的铁皮房刚建好不久，一个河南妹半夜突然敲开了她的房门，哭着说她的姐姐在松白路边被人打劫时割掉了一根指头，急需5000元钱住院治疗，而她和姐姐的工厂都有两三个月没发工资了，如果不及时凑够医疗费，那根指头就报废了。亚珍早已听说公明一带活跃着一帮穷凶极恶的人，如果被劫者反抗，他们就会砍掉对方握着钱包的手。面对这个无助的外省女孩，亚珍当场就给了她5000元钱。女孩的工资实在不高，虽然最后凶手被逮住了，那5000元钱也让她整整打了一年工才还清。那一年里，亚珍没见她买过一件新衣服。第二件事发生在2001年，也是半夜，一个湖南中年妇女找到亚珍，说她儿子在一个塑胶厂受了工伤，因不满厂方赔偿用刀刺伤了老板的女儿而被派出所抓了。她担心儿子的老板来报复，想离开公明躲避一段时间，希望亚珍退回100元租房押金。第三件事发生在2004年，长兴工业区里有一个电子厂的四川小伙子，不知从哪里带来一个女朋友，整天睡在铁皮房里，没多久肚子就大了。就在那女孩快要生产时，那四川小伙子却突然不见了。女孩哭哭啼啼告诉亚珍，说她原本在维珍妮内衣厂上班的，老公在老家搞建筑出了事，她又不想回去，就跟内衣厂的一个车间主管好上了，好上不久就怀孕了，怀孕后就找那主管闹，主管不但不理她还把她开除了，后来她就破罐子破摔，在路边唱卡拉OK认识了那个四川小伙子。谁知那四川小伙子竟这么狠心突然跑掉了。亚珍问她，现在怎么办？她说她想回家把孩子生下来，想借点路费。亚珍给了她1000元，不知道她是回了娘家还是婆家，也不知道她最后把孩子生下来没有。

面对这一个看似离奇却又时时刻刻上演着的工厂故事，亚珍觉得自己幸好没长期待在厂里，幸好找到了一个踏实肯干的阿设。

因为心地善良，人缘好，很多租铁皮房的打工者都希望亚珍夫妇开一间工厂。但他们离开工厂十来年了，附近的厂子越开越多，有挣钱的，也有亏本的，如果开厂，还真不知干哪行好。

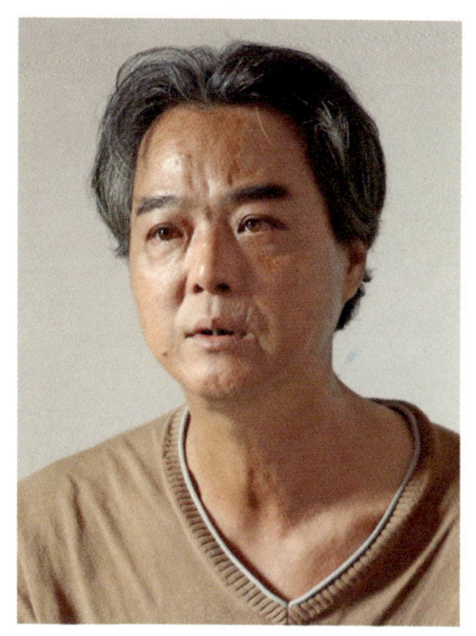

阿设受访图

2005 年的一天，一个湖南邵阳租客过生日请亚珍去喝酒。在酒桌上，亚珍意外地碰到了当年一起从手套厂逃出来的李桐欣。李桐欣说她没在龙华干了，早几年就去了维珍妮内衣厂做 IQC（来料加工控制）组长，负责外发货物品检。她说公明的内衣和服装行业发展很快，她好几个同事都出去合伙开棉线厂了，生意很火爆。当她得知亚珍已是长圳有名的收租婆，便希望她投资开一个线厂，业务方面不是问题。

亚珍回家跟阿设商量，两人当天晚上就决定在长圳投资办线厂。

异木棉的秋天

铁皮房的收入很稳定，线厂上马后也一路向好。在亚珍的印象中，阿设虽然小学没毕业，但天生具有潮汕人的生意头脑。除了铁皮房和线厂生意，在 2006—2007 年，阿设还以 4000 多元一平方米的价格在宝安先后买了四套房子。后来亚珍常常想，如果那4套房子留到现在，自己至少也是两三千万的身家了。

但是，生活没有“如果”。在2010年房价有所回升时，阿设卖掉了所有房产，并决定去老家揭西承包山头搞林业和旅游开发。

当然，阿设并非一个头脑发热、突发奇想的笨蛋。即使到了今天负债累累，他仍觉得当时的选择是有道理的。他认为，人的一生有没有意义，最终不能仅凭挣了多少钱来定义。亚珍虽然也认同他的看法，但卖房子时还是持保留意见的。

那是2010年春节后不久，老家来了几个亲戚住在亚珍的铁皮棚里。当时线厂生意不错，亚珍以为他们来进厂。但是他们不想进厂，他们说在工厂干了一二十年，没出息，想干点别的，一时又想不出好门路。晚上，阿设请他们喝酒，喝着喝着就哭了起来，说自己9岁离开揭西，现在很想在村子里干一点事业。亲戚们说村里的田地和山头都荒芜了，年轻人都不想待在家里，你回去能干什么事业？阿设想了想说，我要回去干三件大事：承包1000亩山林，开一个木材厂，搞一个旅游公司。

当时亚珍以为丈夫在开玩笑，谁知第二天他就带着几个亲戚回家考察了。一个星期后，阿设卖掉了宝安的两套房子，不但再次回家签订了山林承包合同，还请了几个亲友住在山上铲草种树。

山林承包下来了，后来宝安的4套房也全卖掉了，再加上线厂的收入，据亚珍讲，到2015年清明节山林被山火烧掉之前，他们在山林投资了近300万元，眼下仍欠着银行和亲友一大笔钱。

那是一次意外的山火，亚珍想，如果当时把线厂关掉，夫妻俩回家安安心心植树造林，那场灾难或许就不会发生。但是，铁皮房在2013年城市更新初期就被推掉了，而山林需要长期投入，那长圳村的线厂就成了他们唯一的经济来源，真关掉也未必舍得。

山林是被隔壁镇的人上坟时意外烧掉的。看着茂盛的木林毁于一旦，

采访人员与阿设（中）合影

夫妻俩不得不卖掉线厂离开光明回老家打官司。

为此，夫妻俩折腾了 4 年多，山林被烧掉的事至今仍未得到满意解决。但生活还得继续下去。亚珍是 2019 年 2 月重返光明的，丈夫比她晚出来 4 个月。因为出事前一些家具仍放在长圳的亲友家里，亚珍出来后便在田寮洋田第三工业区附近租了一间厂房宿舍。两个儿子都已成人，大儿子去了龙岗一个汽车公司做售后服务，小儿子退伍后，因家庭变故身心受到巨大打击，不愿待在老家。亚珍在田寮租好房，便把生病的小儿子接了出来。

离开光明好几年了，几年来，松白路变得越来越宽敞越来越漂亮，外环高速、地铁站正在如火如荼地建设，玉昌路两旁的工业区和厂房差不多全改装成了商业铺面。在等待丈夫来光明的日子里，年近五旬的亚

夫妻两人居住的工厂宿舍的走廊，也用作阳台，挂着晾晒的衣物

珍每天都在玉律、长圳、田寮转悠，希望能找到一份适合自己的工作。但是，工厂越来越少，即使仍有少数五金塑胶厂或纸品厂需要年纪大的女工，工资却普遍很低，每天100来块钱，别说还银行贷款，能吃上一口猪肉就不错了。

2019年6月，阿设来到光明后，看上去比亚珍更乐观些。有朋友送了一辆电单车给他，希望他先拉拉客挣点生活费。阿设知道，要想再在这边待下来，厂是进不去了，废品也越来越少越来越不值钱了，铁皮棚早就不让搭建了，开厂更是不可能了，拉客更不是长久之计。

转眼便到了10月中旬，阿设一般都是晚上拉客，一是可以避免查处，二是尽量不被熟人看到，三是白天还可以从工业区里拿一些手工活儿回宿舍做。亚珍不希望他去拉客，她觉得被熟人问起有些丢人，而且拉客也很危险。她也不喜欢去厂里拿货回家做，因为那根本挣不到多少钱。在阿设回来的第二天，她去一个物流公司找到了一份夜班工。物流公司的办公场地大多是老旧厂房改造的，看着那些南来北往堆积如山的产品，亚珍不知

道它们出自哪个工厂哪个车间哪条生产线哪个员工之手。但她知道，当天渐渐亮起来后，她就该回到那间租来的工厂宿舍睡半天，到了下午便穿上隔壁厂的工衣去车间搞卫生，每个月多挣 1200 元钱，也算是一份兼职。

她兼职搞卫生的是一个包装盒厂，就在 11 月 5 日，车间主管突然叫她第二天别去了，说工厂订单越来越少，很可能下个月就要搬去东莞了。

如果只做物流公司那份工，亚珍觉得实在没盼头。当天晚上，她便去物流公司把工作辞了。亚珍回到宿舍里，见小儿子仍迷迷糊糊地睡着，阿设又出门拉客了，她便换了一身干净衣服，梳好头，朝松白路走去。

她沿着松白路独自朝南走，不知要走去哪里。松白路上的车辆依旧川流不息，只是人行道上的行人远不如从前多了，几乎难再见到成群结队穿着工衣说着普通话的外地人了。回到光明已有大半年，过两天就立冬了，这深圳似乎仍在秋天里。雪亮的路灯下，一树树美丽异木棉开得正艳。她抬头看了看，有几片花瓣竟落了下来。而绿草地上，更多的花瓣已在夜风中萎蔫了。

她就那么朝南走去，后来便到了玉律牌坊下。玉律牌坊与长圳牌坊隔路相望，20 多年来，亚珍不知多少次从这两个牌坊下经过。离玉律牌坊东南四五十米，是玉律人行天桥。丈夫尚未出来时，她常常独自来到天桥上，回想着在光明生活的点点滴滴，有苦涩，也有甜美。

物流公司的工作已辞掉，过几天，她将带着小儿子和阿设一起搬去龙岗大儿子的单位附近住了。生活已经折腾到了这一步，不管接下来的日子怎样，起码一家人得生活在一起，不能再四分五裂了。亚珍站在玉律人行天桥上，看着松白路两旁一树树美丽的异木棉想，这一路花开，似乎从未停歇，那一树花谢，却先后有别。深圳已不再是曾经的深圳，但老家的山仍是那座山。人生一世，草木一秋，留得青山在，何愁没柴烧？树没了，还可以自己重新栽种，也可以把山转包出去。过了这一冬，那满山或许又绿了。

深圳企业家、深圳职业经理人**谦虚好学的**。学习之勤奋，不于香港和台湾的同事。如果真有深圳式管理经验，那首先是习到的**国际先进管理经验**。

第四章

才兼文武
“蓝铂王”

下村访沐青

沐青受访图

从南光高速下来，顺公明北环大道辅道，往右拐进马田路，下村就到了。

右手边是下村第三工业区，往前是第二工业区。本来在合力五路左转就是下村第一工业区，路口当街就是昶旭电子制品（深圳）有限公司。我们贪看街景，一个不留神走过了路口，就到了合水口。索性拐进合水口泥围新村。这座被工厂密密匝匝团团围住的关外城中村，并不像关内城中村那样拥挤。楼与楼之间，牵不着手，车在楼下小巷可以来来回回，一楼铺子前面竟然还可以停车。铺面一个接着一个，村民和工人的日常生活用品全都买得到。与各式餐饮店一样多的，是儿童玩具店、学习培训公司。这已经不是单纯的青年打工群体的居住社区了。结了婚的，带着孩子的，老年人跟过来照看儿孙的，都可以住在这个村子里。这样就近工厂、方便家庭的新村，正是沐青这样的工厂高管和中层骨干的好居处。

沐青成为我们的采访对象有点出人意料。

光明工厂故事不是工厂普查，不可能把所有工厂、所有工人、所有相关的人和事都一一访遍。得找到最适合的代表人物，深度采访，以点

沐青（中）受访图

带面，具体而微地呈现光明工厂的大面貌，照应中国作为新的世界工厂的大时代。就像寻访女工亚珍一样，我们还想寻访一个“工头”。不是建筑工地上的“包工头”，而是管带流水线的小工头、管带车间的中工头、管带工厂的大工头。我们希望，这个人最好是从基层做起，一直做管理，不曾创业，长期在光明的工厂里做职业经理人。很多推荐人选，都被我们否了。支持我们采访工作的光明区作家协会推荐了作协理事沐青，我们一听就摇头：企业里做办公室工作、有点文字功夫、业余时间加入作协，这样的人不是我们的理想人选。但考虑到沐青身在企业，又喜欢创作，倘若能给我们一些线索、一些故事，甚至加入我们采访团队，那也不错啊，于是很快与沐青见了面。见面一交流，他正是我们要找的最佳采访对象。

沐青受访图

沐青翻阅资料，介绍公明商会和台商协会

真是踏破铁鞋无觅处，得来全不费功夫。在光明区作家协会办公室初步采访之后，团队专程来到他所在的工厂——昶旭电子制品厂，公明下村一家资深台资企业。

当初，港资企业、台资企业像潮水一般涌向深圳、涌向珠三角，机器设备、资金技术、原材料零配件也源源不断地汹涌而至，越来越开放的国际市场也像无底洞一般吸纳来自中国工厂生产的产品。但有一样，让香港人和台湾人感到无能为力，那就是管理团队战线太长，他们的人力资源无法同步跟上。港资企业、台资企业本来就是看中了内地（大陆）低廉的劳动力资源，为了减少用工成本，他们才不辞辛苦，远道而来。

普通工人好办，一纸招工通知，就可以招聘来大量工人，稍加培训就可以派上流水线。管理人员就没有那么好招聘、好培养了。随着工厂越开越多，规模越来越大，港台企业干部、职业经理人不够用了。于是，矮子里边挑高个儿，组员里边选组长，就地发现和培养骨干。不这样做，根本无法招到工，无法管理好招到的工人。彼时间，南下打工的人都是成群结队地来，老乡跟老乡，彼此有个照应。你招一个，他来一群。你开掉一个，他带走一群。人家不信你，信自己老乡中的能干人。一个工厂，只有几个老板，几个经理，却有成百上千的工人。港台老板、港台经理，只会普通话、白话，内地方言根本听不懂，如何与这些操着南腔北调乡音的打工仔、打工妹沟通交流？所以，聪明的港台老板都是审慎地挑选一个或几个带头人，好好地沟通，用心地培养，让他们出面去招工，去培训和管理他们自己招来的工人。这样的带头人，在中国台湾叫干部、中国香港叫经理，而在日本叫科长、西方叫高管，旧上海叫“拿摩温”。

“拿摩温”是上海洋泾浜英语的中文叫法，其实就是“Number One”，第一、最棒、大班的意思。深圳人不这么译，译成“蓝铂王”。光明、龙岗等关外工厂区周边的卡拉OK、商务酒店乃至商业楼盘，很多就起名“蓝铂湾”。起这些名字的老板，可能都是从湖南、湖北、四川来的，读过一点儿书，懂得一点儿技术，认得英文“Number One”，但是分不清“N”和“L”的发音，兴奋之际，就给自己的酒店和歌厅贴上了“铂金”。

沐青就是这样一个“蓝铂王”，湖南邵阳人。他来深圳25年了，一直在企业做职业经理人。高大、英俊，绝对从年轻时就以帅夺人。说起话来，时而细腻体贴，时而斩钉截铁，判断不出他是个兼职作家，还是个职业军人。原来，他既是诗人、作家，又曾经是铁板钉钉的军人。

“我是1995年来公明的。一开始就在这个叫昶旭的台资企业做行政、做管理，一做就是10年。2004年，我转到麒麟制品厂，也在公明，做到

沐青于昶旭电子制品厂门前，背后的三角梅
从他加入昶旭时的稀疏，变得密密丛丛

副总经理，一做又是 6 年。2010 年，原来昶旭的老板又把我请回来，一直做到现在。目前负责管理 3 家公司，2 家在公明下村，还有 1 家在广西。时间过得好快，转眼就 25 年了，我一直都在公明，从基层管理，一直做到企业高管。我从部队转业后，没想过到企业做管理的，做了 25 年管理还一直有作家梦。人这一辈子，三言两语真的说不清楚啊。”沐青说话有条不紊，但绝不是慢条斯理，而是有重点，有节奏。他把诗一般的语言和钢铁般的逻辑结合得恰到好处，让人找不出丝毫的不妥。我们决定同他深谈。

空降与攀爬

沐青的“入深圳记”一点也不顺利。

他从邵阳老家国土局停薪留职后来深圳“下海”，先是到达东莞，从东莞坐大巴去深圳福永找二弟。结果，半路上被人“卖猪仔”，甩在了松岗桥，人生地不熟，语言又不通，那种挫败与无助，现在仍记忆犹新。辗转找到福永白石厦，找到了在那里做事的二弟。没有地方住，就挤在一个工厂边上的简易商店里过夜。天一亮，就赶紧起来，四处去找工作。工作哪有那么好找的？奔忙一天，一无所获地回来，那种百无一用的感觉，几次让他打起了退堂鼓。要不是在停薪留职时说过狠话，自己给自己断了后路，他兴许真的就打道回府了。

好在有个老乡，在公明下村做事两三年，听说沐青没有找到工作，就热情地推荐他到公明来。他清晰地记得，那时的松白路还是一条土路，一路尘土飞扬。那时的公明镇，根本还没开发起来，比起老家县城来，环境不见得好在哪里。今天的街心公园，那时是个农贸市场；今天的老年大学，那时就是公明镇政府所在地；那时的公明街，不过就是公明影剧院到合水口的一条狭窄小街而已，哪里有内地县城的阔气呢？不过，有老乡的引荐，这次找工作倒是出乎意料地顺利。

沐青进了一家做电脑连接线的台资企业。这家企业就是创办于 1995 年的昶旭。刚开始，昶旭寄生在启悦电子制品厂。启悦是一家 1993 年创办的、规模已经有 500 多人的大厂，启悦把昶旭引进来，分包一些业务给昶旭，昶旭相当于是启悦的一个部门、一个车间。不过几年，昶旭就发展起来。到1997年，昶旭就从启悦分离出来，有了自己的厂房。员工也多起来，最多的时候达到两三千人。企业也由一家变成了三家：昶旭、昶荣、昶富，三家都属于同一个老板。

在昶旭厂，沐青是从普工做起的。流水线上的活儿他都会干，而且干得比谁都用心，比谁都学得快、学得精。他忘不了停薪留职、负气出走的屈辱，忘不了在福永寄住小店、找不到工作的艰难，他要争一口气，他要做出一番令人刮目相看的成绩。多干点活儿算什么？多吃点苦算什么？有活儿干才是幸福的，能学到东西才算是没有虚度光阴。他见事做事，把厂子的事当自己的事，分内的事情他做，分外的事情能帮忙就帮忙。同事喜欢他，经理、老板也对他有了印象。于是，他的职位很快提升，从保安队长、行政科长、行政经理，干到副总经理、董事长特别助理。这一干就是十年。而原来这些职位，多属于老板的亲信，空降过来的港台职业经理人。

1995年，沐青在昶旭做到管理岗位的时候，月薪差不多2800元。那时候，昶旭的普工工资只有两三百块钱。他一个月的工资相当于昶旭

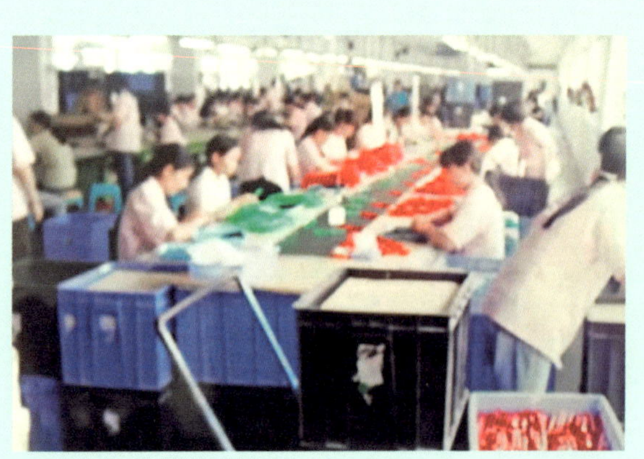

工人在认真作业［昶旭电子制品（深圳）有限公司 供图］

10个普通员工的工资。到2004年，沐青离开昶旭的时候，他的月薪涨到6000多块钱，依然相当于昶旭10个普通员工的工资。这样对比，沐青的待遇不算低。不过，他的工作岗位，如果换成香港或台湾的职业经理人，薪水会是多少呢？具体沐青也不清楚。早年间，港资台资企业的工资一直都奉行保密原则。你不能随便打听别人的工资多少、奖金多少、老板给的红包多大。这个是犯忌的事情。不过，大家都知道一个公开的秘密：同一个岗位，在香港、在台湾，薪资水准大致是内地（大陆）的10倍。也就是说，沐青作为公明工厂的行政经理，他的月薪是5000元的话，他这个职位在香港和台湾，月薪差不多就是5万元。一个在香港、在台湾就可以月薪5万的职业经理人，你让他离开香港、离开台湾，来到公明这么偏远的内地开拓业务，那得开出多高的薪酬价码才行呢？很多港台老板在创业初期，都会通过高薪、股份、期权吸引港台有经验的职业经理人来深圳的企业担任要职，待到企业发展步入正轨，内地（大陆）干部成长起来以后，就会起用新人，替代旧人。沐青的努力攀爬，或许正赶上老板扩大生产、急需用人的好时机。

港台职业经理人，在企业开创期是刚需。当年"三来一补"工厂如潮水一般涌进，招来的内地工人却大多是洗脚上田的农民，工厂门都没摸过，机器边都没沾过，产品什么样子都没见过。内地合作方，通常对企业管理一片空白，对国际惯例一无所知。这一张白纸，全靠港台职业经理人甚至投资老板自己来绘制蓝图。内地第一家"三来一补"工厂——东莞太平手袋厂，当时工厂的管理制度，就是根据香港投资人张子弥的建议，手写出来的，贴在工厂的大门上。太平手袋厂合作伊始，就有明确的厂规厂纪，靠制度管人，按照制度扣罚，这在当时也是非常先进的。

港台职业经理人，在企业发展期代表着先进与效率。企业一经设立，合同一签，订单一拿，工人一来，原辅材料一进，机器设备一转，那就是停不下来的节奏。任何环节一出错，都会导致投资打水漂。任何执行不到位，任何低效率，都会直接影响所有合作方的切身利益。熟稔企业管理、具有职业精神的港台职业经理人，就是确保工厂企业高效运转的人才保证。制度执行的细节、管理把握的节度，方方面面的预期预案、协调配合以及危机处理等各个环节、各个方面、各个阶段，通常都体现出港台职业经理人训练有素的整体高效。人家拿比你高 10 倍、20 倍的工资，是有道理的，工厂有他们维护运营，老板是划算的。

港台职业经理人，在企业成熟期，既可以是文化和哲学，也可以是尾大不掉的累赘。随着港台工厂在深圳等沿海地区扎下根来，年深日久，企业赚足了钱，管理趋于成熟。老板会懈怠，高管也会懈怠。人嘛，最重要的是开心。何必那么苦自己？去卡拉 OK 唱唱歌，这不是港台职业经理人远派来深圳工作的应有福利吗？上班的时候，喝喝茶，抽抽烟，讲讲企业理念，传授一下港台发展的经验；下班后，喝喝酒，炫一炫内地人少见的物件，吹一吹似是而非的成功经历。日子就是这么潇洒地过。苦活儿、难活儿、重活儿、基层的活儿、“细细碎”的活儿，交给“大陆仔”

昶旭电子制品厂组织系列安全演练活动
［昶旭电子制品（深圳）有限公司 供图］

衵旭电子制品厂拥有良好的企业文化氛围，经常举办丰富多彩的员工娱乐活动［衵旭电子制品（深圳）有限公司 供图］

去干就好了。何必那么认真呢？也给别人一点机会嘛。不知不觉之间，港台职业经理人，甚至港台投资老板，对自己工厂企业的具体情况都可能不甚了了。报表上的业绩是增长了，利润是有增加了，但是提升空间还有多大？继续增长会维持多长时间？成本如何进一步降低？技术革新如何有效激励？工厂里到处是人，乌泱乌泱的，各是什么来路？各抱什么心事？谁是调皮捣蛋的刺，谁是值得培养的苗？这些想想就令人头大的事情，就都一股脑地推给了内地的小工头，深圳本土的“蓝铂王”。这就是沐青能够在台资企业逐步升级成为公司高管的大道理。

至于为什么他能成为“蓝铂王”，跟他一样努力的内地小伙伴，却略逊一筹呢？他嘿嘿地憨笑着：“也许是自己当兵时，吃的苦更多吧。”

军旅与职场

沐青是1967年生人，老家在湖南乡下。父亲曾经当过村主任，每次开会都会拿一些报纸回家，这在乡下，是难得的文化资源。沐青对报纸感兴趣，不时地去翻看。对文学的兴趣，对军营的向往，就是从那个时候开始的。

沐青的母校是湖南邵阳洞口县第三中学。那时候，对越自卫反击战刚刚结束，流行一部电影《高山下的花环》，就是关于对越自卫反击战的，拍得非常感人。李双江唱的《再见吧，妈妈》催人泪下。后来，学校又请了英雄事迹报告团来校给学生们作报告，沐青听得热血沸腾。1985年，沐青高考落了榜，没有心思复读，就想着参军。参军也不简单，也是百里挑一，那么多人报名，只有沐青等五个同学遂了心愿，荣幸地被选上去参军。

沐青在部队里，学会了吃苦，学会了钻研，学会了负责，学会了带团队，学会了在快坚持不下去的时候再坚持一把，才能赢得别人的理解和尊重。

1995年，沐青下决心来到深圳，来到公明。面试的时候，他发现很多公司都喜欢招当过兵的。从部队出来的人，能吃苦，创业就是要能吃苦的人。沐青刚进公司的时候是个普通员工，不讲条件，什么活儿都干，哪里需要就去到哪里。很快，沐青就做了公司的保安队长。他认真负责，公司百十号人，他都叫得出名字，知道他们的家里情况，跟工友关系处得跟家人似的，跟战友似的。保安工作之余，沐青发现工厂没人写公告，他就把这个活儿也包下来了。老板一看，这个小伙子有几把刷子，又提拔他做了行政副科长、行政科长、行政经理。起初，沐青对公司管理，也不熟悉，不懂就学呗。哪一样技能是生来就会的？还不都是学会的！别人不学，自己学；别人学个大概，沐青一钻到底。最后，沐青对公司的车间管理、人事后勤、财务统计、产品销售等等，全都弄了个门儿清。董事长每个月从台中、台北那边过来几天，一问公司情况，沐青回答得清清楚楚、明明白白。很多董事长没有考虑到的事情，沐青都一一提醒。老板甚是满意，沐青也很快升任了公司副总经理、董事长特别助理。在部队学到的人生道理，帮助沐青赢得了台资企业老板的尊重，乃至器重。

2004 年的昶旭电子制品厂 [昶旭电子制品（深圳）有限公司 供图]

2004 年，沐青在昶旭已经是副总经理、董事长特别助理。就在沐青死心塌地决心好好大干一番的时候，酝酿日久的人事风波却搅得他六神无主。沐青不得不面临人生的第二次出走。

第一次出走，是 10 年前的 1994 年。

那是沐青退伍回老家后的第 5 年，他退伍回到地方后，应聘到县地方国土局工作，成为土地勘查办公室的测绘队员。那几年时间，沐青感觉又回到了部队，因为实地勘察测绘也是野外作业。沐青跋山涉水，将故乡的山头水沟全部都测量过一遍。当地的村干部、乡干部都被沐青他们感动得连连称谢。沐青也先后多次被评为先进工作者。

风雨征程数十载，昶旭电子制品厂风采依旧

就在这段时间，沐青先后有两个看起来不错的改变人生境遇的机会。一个是邵阳市要成立特警队，招 30 名特警。成为一名特警，那是许多部队出身的人的梦想。一个是合同制干部选聘，当了干部以后，沐青就不是国土局的聘用测绘员，而是在编干部了。这也算是人人羡慕的改换门庭的好机会。这两个机会，沐青都符合条件，不但符合条件，简直是太符合条件了。朋友都说，这两次机会就好像专门给沐青准备的。结果，沐青大意了。他该做的都做了，而且做得很好。可惜，他与这两次机会都失之交臂。

错过这样的人生机会，与当年高考落败不一样。高考很公平，沐青

昶旭电子制品厂的资格证书和经营理念

本就不是钻考试牛角尖的人，成绩掉了线，没有什么不光彩的，谁叫你平时没有别人用功呢？他压根儿没有想过去复读，痛痛快快地报名参了军。接到入伍通知书的时候，沐青觉得比接到高考录取通知书还光荣。

可是这两次，情况就不同了。他在部队接受过过硬的训练。不是特种兵，胜似特种兵。他的体魄，他的技能，他的品质，不正是特警队需要的吗？再说干部招聘，他在基层摸爬滚打，风里雨里，山里沟里，成绩这么突出，文化学习又从来没有中断过，考试表现也绝对优秀。为什么最后录用名单上没有自己的名字？

沐青感觉到自己走进了人生黯淡时光。他下决心改变，下决心闯出人生的一片新天地。正好二弟在深圳福永工作，透露了深圳的别样魅力。他心潮翻滚，彻夜不眠。放弃测绘，离开故土，去到陌生的深圳，会是什么样的人生道路在等着他？他好几次掰断蕨根抓阄，用抓阄的方法来决定人生的去留。最后，他咬了咬牙，狠狠地掐了自己一把。放出狠话：离开这个鬼地方，不混出个人模狗样，绝不再回邵阳来！

果然，他拎着几件换洗衣服，揣着一点盘缠，就登车来了深圳，投奔二弟。哪怕路上被“卖猪仔”，哪怕屡屡找不到工作，沐青也绝不回头。

10 年后，沐青又一次面临出走。

其实也不算什么出走。这一次没有 10 年前那么被动，那么非要做出抉择。他只是觉得有点儿不好施展才华，离开或许是更好的选择。

他再次咬了咬牙，离开待了 10 年的昶旭，跳槽到了公明的另一家企业——位于将石村的麒麟制品厂。麒麟厂是做特殊印刷、凸版印刷的，比如给迪士尼儿童乐园、芭比娃娃、维尼熊这些卡通人物做贴纸，都是小孩子玩的。公司不大，但沐青觉得心情畅快。他在麒麟厂一干就是 6 年，也是从零起步。但是因为有昶旭厂的管理经验打底，沐青很快就在麒麟厂做到副总经理的职位。

正在麒麟厂准备聘请沐青做总经理的时候，昶旭厂老板找上门来。他诚恳地邀请沐青重回昶旭，帮助他重振昶旭。兴许是老板的诚意感动了他，兴许是昶旭 10 年的情结粘住了他的心，又兴许是湖南人哪里跌倒哪里爬起来的倔强劲左右了他，2010 年，沐青重新回到了昶旭。此时的昶旭电子制品厂已经转为独资企业，更名为昶旭电子制品（深圳）有限公司。

务实与务虚

昶旭电子制品有限公司种类繁多的产品展示架

整洁的园区环境

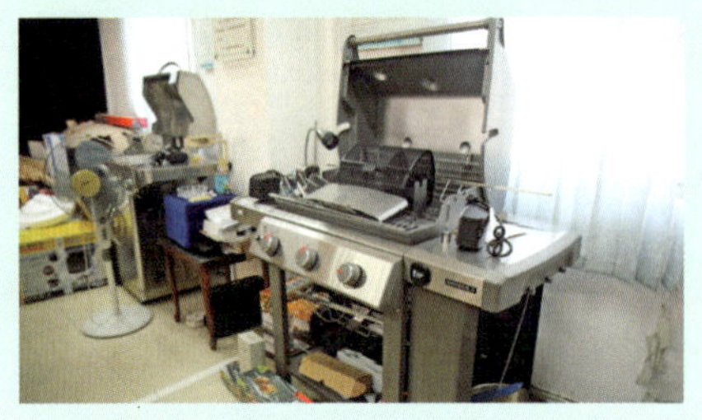

昶旭电子制品有限公司特色产品：烧烤驱动马达

早期的昶旭电子制品厂是“三来一补”企业，主要做电脑连接线和电子点火枪，出口海外。现在的昶旭电子制品（深圳）有限公司主要做烧烤驱动马达，出口一台差不多要六七百美金。新产品还要做成太阳能转动的、低碳的新能源产品。公司规模也扩张了，员工上千人，深圳原来有昶旭、昶荣、昶富三家企业，后来昶富也不开了。在江苏也还有个昶悦，也已经不做了，但广西还有一个企业。目前就剩下3家。但是昶旭因变应变，每年都有创新。

沐青对光明企业发展的情况如数家珍：“我来

繁忙而有序的生产车间

公明的那个时候，工厂‘三来一补’企业多。那个时候，公明的台资企业应该说比较发达，也有港资企业，但相比起来，台资企业还多一些。1994 年到 2000 年，加入公明台商协会的企业有 350 多家，最高峰的时候，会员单位有 500 家以上。

“光明区的台资企业、台商协会在整个深圳是有名的，每年，深圳台商协会开会，都要到公明来开的。甚至那个时候我们要搞一个大的宴会、晚会，都要台资企业赞助的。还有我们公明人民医院的医疗设备，X 光机、CT 扫描机器，都是这些企业家赞助的，现在设备上都还刻有他们的名字，那个时候买可能要 100 多万元。

“港资企业来的历史要更早一点。我印象比较深的港资企业是新星橡根厂，它在 20 世纪 90 年代初期就来了，1995 年的时候都有五六千人了，现在还在，叫新星集团。它还是整个东南亚内衣的原材料发源地。我们公明有一个内衣基地，包括下村的福华制衣厂，现在还在，有五六千人，新星都有万把人，还有红星村维珍妮工厂，有两万人。

“那时候，内地人在公明开的工厂还很少，一般都是做一些加工。像我的湖南老乡一开始搞个铁皮棚，印刷商标。后来就做得比较成气候了，叫作宝祥彩色印刷有限公司，现在是公明的翘楚，当初就是骑个摩托车给我们送货、送商标的，现在一台机器都上千万了。内资企业后劲很足，很多也由小做大了，比如喜德盛自行车。如果从地域上讲，内地的老板，湖南的不少，广东的也很多。打工者的话，多来自广西、湖南、四川、海南、湖北，都会多于本地人。以前，广西人因为会说白话，所以招他们的多。

“2001 年，中国加入世界贸易组织，对出口企业是一个利好，也促进了一批企业创业。如果说二十世纪八九十年代有第一批外资企业，这时候第二批外资企业就来了。这波行情大概持续到 2008 年，一是美国的金融危机、次贷危机；二是国家劳动合同法的推行，再加上 4 万亿的投资，企业的发展就到了一个调整期。前几年包括员工的劳资纠纷等等问题都很严重，当然，现在又趋于缓和了。

“每一个行业都有翘楚企业，比如光明最大的行业龙头：模具是东江模具，内衣是维珍妮、新星集团。也不能笼统说台资、港资时代就过去了，也许原来有 100 家内衣厂，最后收缩成 10 家，但 10 家的产能，可能比原来 100 家还要大。早期的小微企业在转型过程中，有的大浪淘沙，没有了，外迁了。但有些企业做大了，比如光晟玩具、丰宾电子、茂信五金。台商做摩托车、电动车、自行车等等的轮胎，祖国大陆市场占有率高达 40%。

“企业转型，不同于内地扶贫。不是拨一点钱，就将一个企业搞得起来的。企业运营是一个很复杂的东西。像八航厂，以前做得很大，有 1 万多人，做数码相机的，后来手机流行后就倒闭了。去公明广场开个老树咖啡，现在咖啡也不开了。如今，中小企业的日子普遍不太好过，除非你是高新技术产业。我了解的是，现在凡是跟华为、美的、格力这样的大企业做配套的企业，无论大小，日子都很好，订单忙不完。你别看不上五六十个人的小工厂，它年产值一个多亿都有可能。光明百亿级的企业好像都有两三家，十亿级的企业有 36 家，上市公司都有十几家。传统的类似塑胶成型、模具，包括彩色印刷等等，现在日子都比较难过。尤其最近一年多的时间，中美贸易摩擦影响很大，我们工厂，至少有 30% 的冲击量。”

沐青对光明企业如数家珍，却只说可以说的话，绝不说不可说的话，不经意中透出资深职业经理人的谨慎。我们也顺便把话题由实转虚。聊起企业管理的文化、哲学与精气神，聊起港式管理，比较起台式管理与新中式管理的异与同。

沐青是职业经理人，深圳是职业经理人辈出之地。王石以及万科就是当代职业经理人管理企业的一个榜样。深圳职业经理人管理企业的经验，主要是从港资、台资企业学习借鉴过来的。沐青认可这样的说法：台资一般以生产型企业为主，管理像日式，比较严格，规定很多，不适合爱好自由的人。但是可以学习比较多专业的技术，如果有心发展向上，台资的规章及技术可以学到很多。港资工厂也很多，但是香港更多的是以餐饮、贸易等为主的服务型企业，管理倾向英美风格，比较灵活宽松，管理上也比较自由，给人表面上的压力少一些。港资企业数量多、门槛相对低一些，对于珠三角中小型企业来说，港式管理更流行一点。

有人将港资企业和台资企业的管理作了形象的对比：

台资：上班迟到一分钟扣人民币一元，以此类推，扣完为止！

港资：月累计迟到时间不超过半小时不扣钱！

台资：通宵加班需把第二天正班 8 小时补齐，多余时间按加班计时！

港资：加班时间超过凌晨 2 点，加班费在原有的基础上每小时增长 0.5 元！

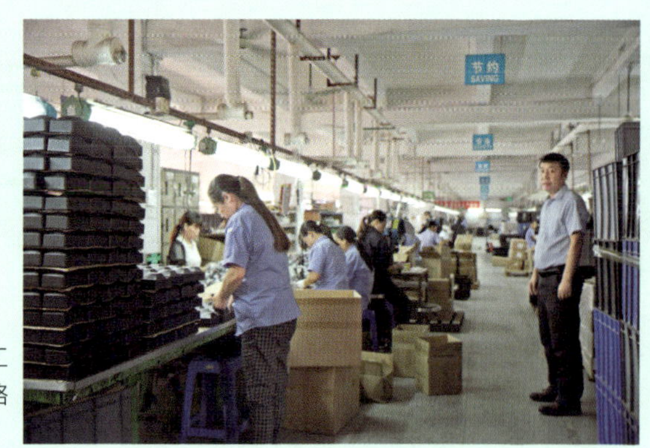

许多员工伴随昶旭一路成长

台资：需三名员工完成的事，他们给两人。需两人完成的事，他们给一人。经理是监工，员工是永不生锈的机器且具备全能战士的素质！

港资：员工基本上有固定的岗位，分工合不合理，效率有多高和管理部门负责人的水平成正比！

台资：出厂员工回头率 10%。

港资：出厂员工回头率 20%。

前几年，开始流行中国内地式管理。中国内地式管理模式最早由台湾的曾仕强先生提出，一经提出，便引起了学界与业界的极大关注，成为过去几年里业界管理培训中的热点。其内涵和本质可以理解为：华人模式管理；其二，中华文化主导的管理模式；其三，建立在中华文化主导下融合了中西管理优秀思想的中国特色管理模式。沐青对曾仕强老先生生动形象、诙谐幽默的“中国式管理”讲座印象也很深刻。曾先生的话很绕，像绕口令，可是细思有味，越是做到高层，越是对他的话深有体会，可能企业管理到最后还是讲文化——

美国式管理的哲学基础是个人主义，日本式管理的哲学基础是集体主义，中国式管理则是我们常用的交互主义。有本事来拿，拿不到怪自己，是激励的基本原则。老板做好人，干部做坏人，才是良好的配合。中国人是最善于做情绪管理的人。

……

从历史的发展过程来看，发展市场经济的国家，都会随着本国市场经济建设的过程，形成区别于他国的各自有效的企业管理模式。最早进入市场经济的欧洲国家，相应于资本社会化的股份制形式，注重公司治理模式的完善问题，其典范是以经济合作与发展组织（OECD）的公司治理原则为蓝本，推进企业管理的有效性。

20 世纪初的美国，在欧洲文化基础之上，根据美国的历史经验，伴

昶旭电子制品（深圳）有限公司的周边，当年的那片黄土地上，早已矗立了各式楼屋

随所有权与经营权分离和管理学学科的独立，以职业经理人群体的培养与成长，推动了企业管理的制度化与规范化进程，这种管理学理论与管理学实践的相互促进，成为推动美国经济成长与提升美国竞争力的强大引擎。

第二次世界大战以后，深受儒家文化影响的亚洲地区开始出现一些腾飞的经济体，代表是日本与“亚洲四小龙”。学者们关注到儒家传统文化与市场经济的互动发展。其中，引起了世界管理学界广泛关注的日本企业管理模式，与西方企业管理模式存在明显差异。曾仕强的中国式管理，也有类似的特点。

从1978年改革开放开始，中国逐步进入了世界市场经济体系。中国作为一个资源、技术、管理水平都十分欠缺的后发国家，过去40年来的经济腾飞，却令人刮目相看。那么中国企业的核心竞争力在哪里？中国企业管理模式又会呈现什么新的特色呢？

沐青并没有系统梳理自己的管理思路，但是他对企业管理有自己独到的分析。今天内地（大陆）的企业管理肯定是首先学习香港、台湾地区，进而学习日本、欧美的管理经验的结果。这些年，企业培训是深圳最火爆的行业，这些培训从最初的财务会计、人力资源、六西格玛流程，到科学管理、人性化管理、中国式管理，形形色色，不一而足。这表明深圳企业家、深圳职业经理人是谦虚好学的。学习之勤奋，不输于香港和台湾的同事。

其次，深圳的企业发展经历，与历史上其他经济体的发展经历不尽相同。深圳的经济发展更快，深圳的经济有新的技术支撑，有独特的国情和市场行情。譬如，互联网时代，IT技术按照“摩尔定律”加速创新，这就决定了深圳的企业不可能像传统企业那样死板，你得不停地进行终端应用创新。你不可能创新一个产品，然后申请一个专利，一百年不变。这是不可能的。你要因变应变。这种叠加创新的企业环境就是以往的传统制造业所未曾遇到的。昶旭公司的产品迭代更新也很快，都是跟着市场走，一有新技术就马上更新换代，慢一步都不行，慢半步都不行。

当然，变化也是多种多样，有不变之变，有万变之变。不变之变，是服务人、服务人性。我们搞企业，为了什么？还不是为了让人们的生活更美好？这一点是不变的。所以中国式管理、东方式管理与西方文明复兴的主题是一致的。尊重人、人性化，这是第一位的原则，是所有的原则性中最大的原则。变的方面是什么呢？是服务人的方式和手段。手机就是要让人好用，至于 2G 还是 3G、4G、5G，安卓系统还是苹果系统，都是第二位的。中国文化讲究以人为本，这就是中式管理的核心。

40 年光阴，这座曾经贫荒的城成就了令世人叹服的**耀眼奇迹**。沧海桑田，也不足以形容它。车不停进出城市，街上人头涌动，每一个人，都像新印象主义画笔下的微点，**他们，共同铸就一幅巨大的稀世图景**。

第五章

开厂的故事

不想当将军的士兵不是好士兵。不是每个来深圳的打工仔、打工妹，都甘于一直在流水线上挣工资、挣奖金。只要机会来临，他们希望能晋升白领，升任高管，或者自己开厂办公司，创出属于自己的一份事业。

光明这块不大的土地，曾经见证不少创业大佬的奋斗历程。

1988 年春天，黄宏生，一个意气风发的年轻人，辞掉了副厅级的官职，走过深圳，去了香港闯世界，创办了一家名叫“创维”的公司。他的香港公司最先做的还是代理电子产品出口，那是他多年打磨过的老本行。就是在做外贸的过程中，黄宏生眼睁睁地看着国家把一车车大豆、花生、棉花运出去，却只能从国外换回来一些小机器，而中国的新技术产品即使出口了，也是摆在人家的地摊上。在美国的跳蚤市场上，1 美元可以买一打中国电子产品，像电子表只能贱卖到一只 2 美分。那时，中国的电子产品的生产能力和质量水平都与国外有很大差距，外贸公司要么天天收到许多国外订单而交不了货，要么因产品的质量、规格达不到国际水准，遭到退货。当时，在广东深圳和东莞一带已经兴起了加工制造业，日本、美国、新加坡，以及中国香港和中国台湾的厂商纷纷到那里设厂，景象十分兴旺。那时的一大奇观是：由于运输产品的车辆日渐增多，深圳通往广州的 107 国道经常严重塞车。黄宏生从香港回广州，往往是到了晚上八九点钟还被堵在路上。堵车的时候，黄宏生就欣赏公路两边的夜景：马路两边灯火辉煌，无数间工厂热气腾腾，可以想象工人们正在加班赶工，运输工人们忙着装货卸货……这对又累又渴又饿的黄宏生来说，有无限的吸引力。终于，深圳和东莞一排排闪烁着灯光的工厂和冒出来的浓烟，吸引黄宏生下定决心投资制造业，从生产遥控器，到生产电视机，屡败屡战，直到成功。至今，公明合水口工业区还有一条创维路，给人们留下了关于黄宏生创业传奇的印记。

创立漫步者公司的张文东靠 4 万元起家，打造出内地第一多媒体音响品牌，在中国本土市场先后击败了创新、罗技等国际顶尖品牌。

刚开始，张文东陶醉于 DIY 创业。他认为自己制作工艺在行，不太重视规模制造。直到一次到广东考察，南派音箱代表麦蓝、三诺的生产规模让张文东很震惊，“几栋楼房并列的气势，还有人才和原材料优势，不是北方可以比拟的”。回到北京，他没有丝毫犹豫，于 2001 年成立了深圳漫步者科技有限公司。

漫步者的深圳基地设在公明长圳。从西丽出白芒关，沿着松白路前行，过了石岩湖就可以看到长圳村口大牌坊。穿过牌坊往里走，就是居民区，鳞次栉比的小产权房密密麻麻，大都盖了十几层。一楼都是铺面，网吧、电脑维修、驾校报考、开锁、书店、点唱机什么的应有尽有。最多的是食肆，潮汕汤河粉、湘菜、东北饺子、卤味快餐，人头攒动，热闹非凡。漫步者、汇思科等知名工厂就在居民区后面的工业区。可以想见，当年漫步者工厂的员工，就是在这样一片烟火味浓得化不开的地方栖息，助推漫步者音箱快速扩张，后发先至，直至业界领先。

这个章节，不说耳熟能详的商界大佬故事，单说光明几个普通的创业者的故事。三个短访口述小故事，一个特约作家游利华采写的深度长故事。故事的主角，经历各有不同，但都在工厂里摔打过，都通过创办自己的工厂实现人生的华丽转身。他们不是香港、台湾过来的投资者，他们是来自内地、白手起家的创业者。

宝祥故事，设备要新

钟祥伟受访图

深圳市宝祥彩色印刷有限公司，是沐青的老乡和朋友创办的企业。总经理钟祥伟告诉我们采访团队，他哥哥 1992 年 9 月底从湖南老家出来，一直在印刷行业打工。1994 年在东莞开始创业，做简单的表格印刷。1996 年，哥哥来到公明上村，开始做标签和商标。那时在上村，只租了一间民房，买了两台商标机摆在客厅里。完全就是个家庭作坊。但是商标机是新的，贷款买的，花了几万块钱。那时候很多人创业，都买旧机器。但是他哥哥下决心买了台新的，结果尝到了甜头。新机器吸引了更多的客户。于是，又扩大规模，买表格机，印刷表格。

哥哥一看业务势头不错，就让钟祥伟辞去公职，也到公明来帮忙。那是 2003 年，厂子规模已经扩大了，二三十个员工，挤在铁皮房里生产。就想着再找大的地方，搬进下朗工业区的标准厂房。这里，厂房漂亮，环境也好，绿树掩映，再加点绿植，美不胜收。和村里的人谈，一平方米要 8 块多人民币，不便宜。最后还是咬着牙把整栋厂房全部租下来了。

租下这么一栋大厂房，总不能让它空着。所以又去贷款，在2004年2月份买进了一台全新进口设备。没想到，这次又搏对了。当时，整个印刷行业，包括台商、港商，都是设备出了很久以后才买的，宝祥这次是全新的设备一出来，就买了。设备是从日本进口的，花了640万元，4月份到的货。“客户都知道我们有了全新设备，技术上领了先，就给了我们很多订单，忙都忙不过来。”兄弟俩一商议，打算再

钟祥伟为采访人员展示宝祥的印刷品

采访人员与钟祥伟（中）的合影

淘汰一批旧设备，再买一台新设备。这次买的是海德堡，880 多万元，11 月份设备就到了。

由于在设备上舍得投资，2004 年到 2007 年，宝祥的生意好得不得了。一天 24 小时两班倒，工人一个月最多休一天。就是从 2004 年开始，宝祥开始给富士康做包装。业务量和业务档次，都上了一个台阶。

2007 年，宝祥又增加了一台新设备，花了 970 多万元。到这时，原来的几台机器都全部换过一遍了，行业竞争力大大增强。即使是 2008 年全球金融危机，中国经济受到一定的影响，但宝祥没受什么影响，市场对包材的需求还是没有减多少。从 2008 年开始，富士康慢慢就迁到内地其他城市了。一两年不到，它的事业部也迁到印度去了。当时富士康也想让宝祥一起跟过去。最终权衡，宝祥想扎根本土，没有跟过去。

2013 年开始，我国安监、消防、环保等政策都慢慢完善，加之电子版盛行，印刷行业压力越来越大。

公明最早有三家较大的内资印刷企业，宝祥是其中之一。现在其他的两家，一家转卖了，一家建了一个工业园，搞工业地产去了。只有宝祥还在坚持。2019 年 7 月份，附近有一家做得比较好的印刷企业，也垮了。

宝祥之所以能坚持到现在，也就在于一直坚持采用最好的设备。包装

宝祥从一间民房发展壮大，如今租下了整栋厂房

印刷主要是为工业产品做配套。工业产品需要有一个好的卖相、好的外表包装，这样产品才会好卖。因此商家客户对于印刷设备、印刷技术的追求总是越来越高、越来越新、越来越好。你总是用二手设备、落后设备，客户就不跟你做生意。

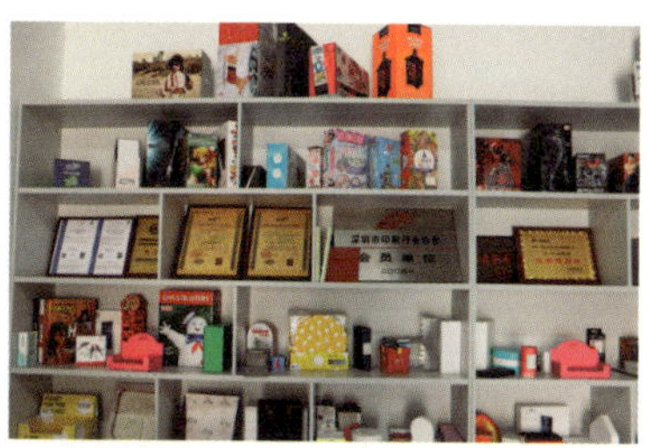

宝祥办公室内部陈设

回顾这 40 年来中国印刷界的历史，深圳印刷业就是凭借精良的设备、充足的外资和改革开放的先发优势，与北京、

上海形成三分天下之势。1982 年 10 月，合资企业深圳嘉年印刷厂成立，引进了 3 台对开海德堡胶印机，标志着深圳印刷业的发展开始进入新阶段。一时间，高档书刊、画册、彩盒开始在深圳市场出现，并逐渐为整个内地所知晓。

宝祥彩色印刷公司成立于 1996 年，包装装潢印刷品是主营业务，客户对印刷设备、技术很挑剔。在大多数中小型包装印刷企业由于资金缺乏，多购买二手印刷设备时，宝祥大胆选择贷款进口当时最为先进的机器设备，由此打开了高品质、高要求的印刷发展道路，迎来企业的发展高潮。宝祥的发展历程印证了深圳印刷行业的发展轨迹。

宝祥对未来的印刷行业比较有信心，因为深圳制造业乃至中国制造业对产品包装的需求还很大，要求还会更高。只要宝祥依旧选择坚守，并及时更新换代，装备最先进的设备和技术，是可以更上一层楼的。近年来，光明区对设备更新也有支持，比如买新设备可以先申报，然后申请补贴 20%，对企业来说，这是一笔不小的数目。

钟祥伟说，要想在深圳的实业界立足，最终还是靠实力。找再多的关系，也不如把质量、服务提上去。湖南人做生意有什么特点？一是很拼，很大胆，比如宝祥买设备、租厂房，当时都是很冒险的。二是亲力亲为，很多东西要手把手地去落实，比如车间制度、工厂的管理，这都是要尽心尽力去做的。你做得比别人用心，别人退出后留下的市场空白，就正好由你去填补。

振野故事：跟市场走

深圳市振野蛋品智能设备股份有限公司董事长陈文凯是湖南人。他大学毕业之后，在岳阳的轴承厂工作了 3 年，做到了车间主任职位。当时兴起“下海潮”，他也觉得要出来闯一闯，于是 1995 年来到深圳。先是在蛇口工厂上班，然后慢慢地，自己就出来接一些钢结构的单。

在这个过程当中，陈文凯认识了一位香港老板佘日辉。一直到现在，陈文凯都把佘老板视为贵人。佘老板现在已经 85 岁了，他拿过蛋品加工领域的终身成就奖这一最高奖章。现在他的工厂也还在经营，在东莞。

佘老板很早就开始做蛋制品这一行，他的工厂里的设备都要从欧洲引进。1997 年，他厂里有一款小分选机要从荷兰进口，价格很贵，要 8 万元。佘老板就问陈文凯，你懂机械制造专业，你看能不能仿造出来一台这样的机器。陈文凯一看，觉得这个东西虽然没见过，但设计很巧妙，很想试试看。第二天，他就带了工程师去看，前后用了差不多 1 个月的时间，做出来了，虽然还是比较粗糙，但是整体结构差不多。佘老板向陈文凯竖起了大拇指，不仅采购了他生产的这台分选机，还向他订购更多的机器设备。

经过这件事，陈文凯才感觉自己真的是走进了市场，自己的专业技术需要的正是市场。陈文凯感谢佘老板指点他看到了市场巨大的需求，因为当时这个行业基本上是一片空白。就在 1997 年，陈文凯成立了振野公司。湖南老家，益阳松花皮蛋很出名，陈文凯很熟悉，于是振野公司就全力投入蛋品加工装备和智能化养殖设施的研发、制造和服务。比如种禽、蛋鸡、蛋鸭的产蛋、集蛋系统以及蛋品检测、分级、喷码、装托设备，保洁蛋成套设备；皮蛋、咸蛋、卤蛋、液蛋等专业加工成套生产线。

一开始的时候非常艰难。因为当时做松花蛋、咸鸭蛋的企业大都是国有工厂，很多人很喜欢这个机械，但是不能用，因为一用，国企工人就要下岗。谁敢买振野的机器？

慢慢地，等到2001年，陈文凯又在全国跑了一遍，发现局面已经不一样了。很多国有企业都转制了，分选机的市场机会来了，振野公司一举抢占了市场份额。

产品研发上，振野因应市场需求，经历了一系列发展演变。

2005年，振野主要做分选机。因为养殖场的蛋是有大有小的，如果

深圳市振野蛋品智能设备股份有限公司董事长陈文凯（振野智能 供图）

陈文凯“下海”闯深圳，开始做钢结构生意（振野智能 供图）

不区分，大的小的直接混在一起去腌制松花蛋，那么可能会出现小的已经熟透了、大的还没腌透的情况。所以就做了分选机。

后来，客户有了更多的要求。比如要求提供洗蛋机。分选完成后，若某个蛋很脏，就需要清洗。如果没有机器，就只能用钢丝球手工清洗。或者用高压水冲，那样破损率比较高，效率也低。洗蛋机就可以解决这些问题。

这就是振野最主要的两个产品系列：分选系列和清洗系列。

后来有客户又提到说，希望将清洗和分选组合成一套生产线。所以振野又做了生产线。振野产品线是越来越多的，基本上都是跟着蛋制品的种类，不断完善生产工艺。

2015 年，振野开始做裂纹检测，可以检测出蛋上的暗纹，这是目前在蛋制品加工领域里最高端的技术。目前，一套裂纹检测机器价格是在七八十万元。振野的产品走势，基本上就是迎合客户的需求。客户不断给振野提要求，振野也不断总结、分析，再结合自己的研发能力开发新产品。研发突破不了的，就从国外引进，比如裂纹检测就是与日本南贝

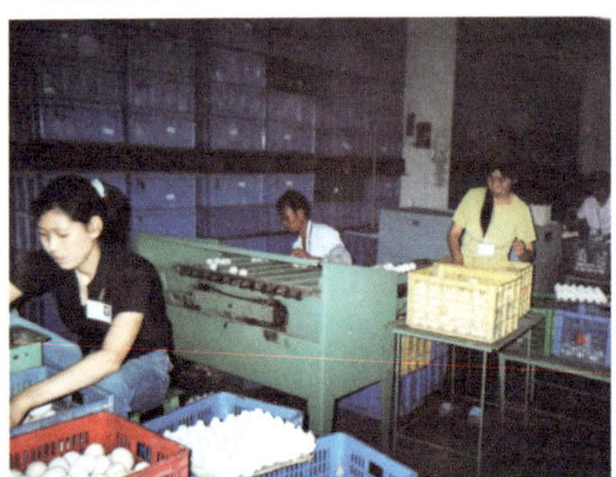

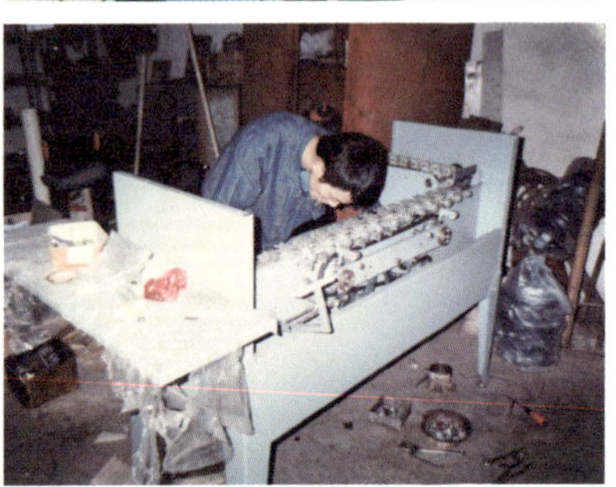

振野智能的分选机一经面世，吸引了业内诸多目光（振野智能 供图）

尔公司合作的。

振野主要做国内市场，市场占有率 70%—80%。现在也出现了不少仿造者，几位老板都是朋友，虽是竞争关系，也没打得头破血流。而且慢慢地，大家不约而同把产品错开了，比如其他公司主要的产品是农场包装机、卤蛋生产线——这些振野也有，但不是主营业务。

中国蛋品加工行业从纯手工、低效率的局面，发展到全自动化设备投入，真的是装备推动行业发展。农牧行业波动比较大。比如，2016 年，鸡蛋跌到 1.8 元一斤。2019 年，鸡蛋涨到了 5.4 元一斤。这个价格影响着养殖户，但对振野没有太大的影响，因为养殖户不会直接买设备，只有工厂、包装厂才会买。所以无论市场价格便宜或者昂贵，设备都得继续用。

工厂与农牧行业似乎交集甚少，但深圳市振野蛋品智能设备股份有限公司就令二者发生关联。振野智能提供禽蛋在养殖生产、收集流通、加工消费环节中所需设施设备等硬件装备，提供蛋品在生产、加工、销售过程中的物联网、云数据库、互联网电商交易平台等软件支持，提供蛋企整体解决方案和延伸服务。振野成立以来，在生态养殖设备、分级包装设备、加工设备、深加工设备上都取得了进展性突破，成为国家高新技术企业和广东省优质制造商，并于 2015 年 1 月在“新三板”上市。

陈文凯的助手刘青立见证了振野公司的发展历程。他大学毕业后，先是在东莞一个大公司做销售，被陈文凯发掘，邀请他加盟振野。那是 2005 年，振野公司还在南山区直升机场边上的一个棚区里，公司大概只有 20 人。一开始进到公司，刘青立难以掩饰自己内心的失落和失望，但是深入了解之后，发现振野公司虽然各方面都不怎么起眼，却是国内蛋品装备这个细分行业里的创始单位和龙头企业。

刘青立留了下来，做业务、跑市场。经常出差，去东北、华北……基本上跑遍了全国。现在，振野公司的销售团队和销售网络都已经建立起来。业务部门、售后服务，基本上都是年轻人。

振野智能几经搬迁，即便生产部门可能搬到博罗杨村博东科技园，但依旧会保留在光明的办公室

2008年，振野从棚区搬到了直升机场仓库。2012年，两三千平方米的仓库已经不够用了，振野就在光明大围租了两层楼的院子，将部分产品挪到光明来生产。2015年，振野全部搬到将石的安迅创新产业园，租了整栋厂房。现在，振野在博罗买了大概30亩地，自建厂房，将来振野的总部、研发部、市场部留在深圳，生产部门可能全部要搬到博罗杨村博东科技园。

益鹏湾故事：小得特别

深圳市益鹏湾实业发展有限公司是一家规模不大、实力不小的模具企业。

简雪受访图

采访人员与简雪相谈甚欢

20 世纪 90 年代初期，香港模具企业大部分迁至珠江三角洲，主要落户在深圳、东莞、广州等地，其中一半以上落在深圳，产品大量销往国外。截至 2017 年年底，深圳已有专业模具企业 1000 多家，拥有如鸿准、柏狮、东江、银宝山新、昌红等一批国际知名的产值达 10 亿元的企业。光明模具产业也历经了几十年的风风雨雨，2005 年政府正式确立建设光明模具行业集聚基地，总规划为 178 万平方米，亿和、铭锋达、海翔铭、聚汇等 10 家企业已正式入驻。

但不容忽视的是，中国与日本、德国、美国等模具业强国还有一定差距，光明模具企业多数规模都不是很大，人数一般不超过 300 人，年产值低于 1 亿元人民币。尽管这些企业散、小、弱，但能一直跌跌撞撞存活下来，有着独特的发展根基和管理优势。

深圳市益鹏湾实业发展有限公司就是以生产模具及注塑产品为一体的企业。1998 年 3 月创建至今，因为厂房租金上涨，历经几番搬迁，落户光明马田街道石家社区后底坑同富工业区。这个工业区不是模具产业集聚基地，相反，汇聚了各类行业的工厂。益鹏湾以五金配件、模具、塑胶制品的加工、销售和电子产品、礼品的组装、销售为主。有意思的是，其厂房随处可见温馨、励志的标语，员工穿着统一的粉红色制服，穿梭在一堆堆机器设备中，为冷冰冰的模具制造车间增添了一丝暖意。

我们采访团队就是在这样的温馨暖意中，听简雪总经理讲述益鹏湾的创业故事——

“1999 年，我来过深圳，但是只待了大概 3 个月，又回去了。为什么呢？因为当时这边查居住证查得特别严。过完 2000 年春节，我姐姐要回深圳上班了。她所在的公司是生产机器、汽车方面的零部件的。她就问我说，要不要再来试试。我内心想，在老家也没什么事情做，所以就鼓起勇气，在 2000 年的时候，再次来到了深圳。

“我先是在朋友公司上班，做办公室职员。后来认识了我的先生溪熙鹏，他是浙江人。等到 2002 年，我就帮先生打理工厂的事情了。益鹏湾公司 1998 年在南山大冲创立，后来搬到华侨城。我加入的时候，公司已经搬到了西丽阳光工业区，规模不大，30 多名员工，只有 3 台注塑设备，后来才慢慢增加到现在的 8 台。公司在工业区待了 12 年，后来因为二手房东租金要得太贵了，公摊面积增加了 30%，价格又上涨了 30%，所以我们就搬到光明，心里踏实下来，不打算再搬了。

“光明这边发展很不错，不堵车。特别是到光明城去，非常畅通，所以我们的供应商这一块没有受到影响。政府的绿化又搞得特别好，空气好，不会有压抑的感觉。

采访人员与益鹏湾“元老”合影

“这个工业园原来比较偏，但现在交通都跟着起来了。原来只有一片厂房，后来这一带高层厂房，有 11 层高，是新建的。外观像写字楼，内里结构也很好。我们现在的厂房有 700 多平方米，做了一个架空隔层，实际面积就大了许多。整个厂区，各行各业都有，楼上有做香水的、五金的、电子的。相对来说，这边的环保要求比较严，要求企业做好废气处理，控制和改善空气质量。

“在光明这边，电费有发票，有峰谷表，每天分时间段，电费不一样。晚上便宜，三四毛 1 度，白天高峰，就要 1 块 1 毛多。我们的设备耗电量比较大，现在一个月电费大概是 4 万—5 万元。

“公司主业一直没变，模具与塑胶制品相搭配，不做原料。我们生

员工穿着淡粉色的工作服，成为车间里一道亮丽的色彩

产很多塑胶产品，比如，超市广告牌、水杯等。自己开模，也为客户开模，然后制造生产。我们产品主要是在深圳销，相对来说，每个省份都有，只是有多有少，比如江西、广西、安徽、浙江就多一点。还有很多是客户要出口的。

“在光明，一些厂是往外迁，我们是迁进来。因为我们对深圳有感情，毕竟从创业到现在，都在深圳。其次，在深圳，生活、交通等各方面都非常方便，而且说实话，这边的职能部门对企业是比较好的。比如，安监部门，你只要把它需要的资料给备齐，送过去，就行了。他们平时过来巡检，对我们企业都很认可。我们的塑胶制品在环保上的要求比较高，

车间内随处可见的温暖口号，折射益鹏湾独特的企业文化

加上我们的厂房有 3 层楼这么高，废气处理的难度其实是不小的，但我们花了特别大的财力去投资，现在都是高标准严格达标的。如今，在工厂企业扶持这一块上，光明还有新设备补贴，境外商标注册也有补贴。我们现在年产值是 1000 万元左右。行业竞争大，但我们都有保持密切的联系。

“我觉得生意最好做的时候，是 2004 年到 2008 年。那时候，工厂每个月是上全班的，就是每天都上班，没得休息，从早上 8 点上到晚上 8 点，然后中午和下午各休息半个小时。

“中美贸易摩擦对我们有一点影响，主要就是产量减少了，订单少了。像我们以前向客户加一点价，他能接受。现在加点价的话，客户可能就不太愿意接受。

“我们也参加广交会、香港博览会。在那之前一两个月，我们的客户就会下单很多新开发的产品。我们有专门的工程师做产品研发，我和我先生也会参与进去，互相给意见。我先生思维比较活跃，喜欢动脑筋；我就比较实际，会想得更全面一些，尤其是在合理性、安全性上。

益鹏湾厂房的外观气派，与写字楼相差无几

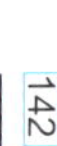

“从西丽搬到光明，我们公司的工人基本上都跟我们过来了。公司给他们提供了宿舍，就在附近，步行 5 分钟的距离。我们员工主要是来自湖南、广西、河南、湖北的，一般年龄是 30 到 40 岁，最多的是 40 岁左右的。20 岁左右的年轻人觉得我们上班时间长。员工工资收入一般可以达到 5000 元左右。

“在公司这些年，我觉得我们的生产部经理真的非常好。他是河南人，1992 年就加入公司了。他的性子急，但事情安排得很有节奏感，井井有条。技术也好，反馈的问题，给他一讲，立马就可以处理了。因为有他在，我也省心很多。这么多年，他和我们一直都配合得挺好的。

生产部经理自 1992 年便加入公司，从未想过离开

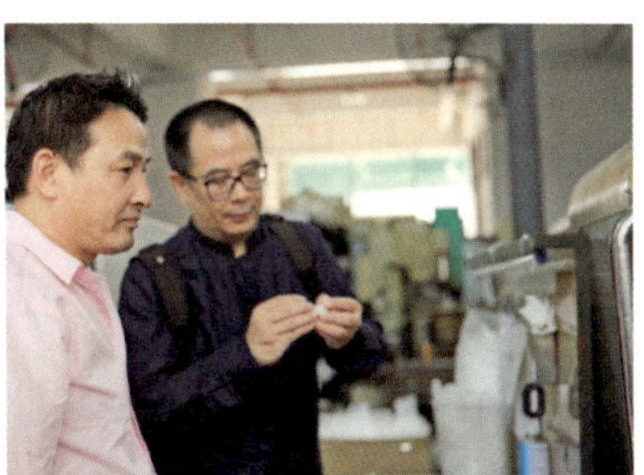

生产部经理（右）为采访人员讲解设备操作流程

“目前，我们公司也在不断进步，尽量用机械去代替人工，减少人工。当然不是完全代替，比如我原来需要 10 个人，可能后续的话，只需要 6 个人。

“我们这次搬迁，有一台设备比较旧，当时我说，不要了，弄个新的。但是我先生说，其他机器都可以不要，但这台不能不要。我问他为什么，他说，这是传家之宝——这台机器是我先生创业的第一台机子，我们要一直保存着，算是对孩子的一种教育。”

摩丽斯丹故事：虎生的野心

本命年

黄虎生坐在一屋子杂乱的碎布上，觉得自己像坐在沙漠中。黄沙漫漫，但黄虎生身体内有水，那水抑制不住地自眼窝溢出，滴到手背上还是热的。他抽抽鼻子，抬起手擦了把脸，再用力甩甩，觉得头脑清醒了点。时间已是凌晨两点，厂房内的灯都打着瞌睡，黄虎生的身体有种不真实的滞重，然而他像突然醒悟般地站起来：不行，得马上想办法找工人来配齐布。

很快，几个工人的宿舍门就被他擂开，开门人打着呵欠正要发火，

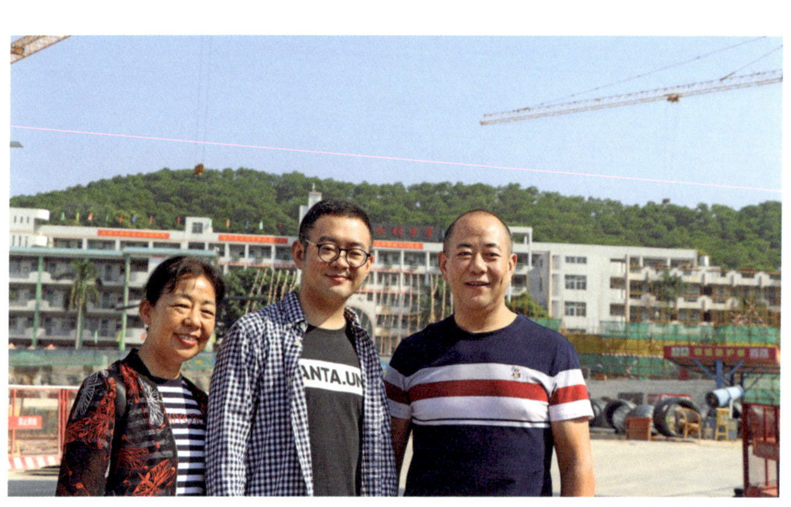

黄虎生（右）全家福

一罐可乐先撞上来。“帮帮忙，明天那批手袋就要交货，辛苦兄弟加个班。”瞌睡正浓的人哪管眼前是厂长还是领导，吵着睡觉要关门，黄虎生只得笑着用力把住门：“帮帮忙兄弟，加完班我们去吃夜宵。”

然而，这个晚上（凌晨），他们一帮人手忙脚乱地剪得双手麻痛，衣服被汗水濡湿几次，也依然没配齐那批急需出货的手袋配布。天亮后，黄虎生将头伸到水龙头下冲了把脸，红着眼睛去了客户那儿。道歉时，他觉得自己是个失败的男人，不但没能按时交货，还跟街上那帮拉几台设备就开厂的人一样，只会苍蝇般嗡嗡嗡乱窜乱叫。

他是 1999 年年底回到深圳的，从老家湖南永州。

坐在绿皮车上，他忽然想起该去买双红袜子或红内衣。过年就到 36 岁的本命年，不知这一次，他又会遭遇些什么，有种不安始终萦绕在他心头。这回，他没有像头次在火车上那样忐忑又兴奋地想象深圳的高楼与霓虹，而是把脑子里纷杂的深圳地图调出来，辨别上面的各种标识。有那么一瞬间，他走神了，觉得自己占领了某个点，还插上红旗标识。笨重的火车走得慢，像他这几个月内坐过的那些车一样，去义乌的、去长沙的、去永州的，伴着灰尘与嘈杂，他总是夹在各色人群与各色气味中做核计。后来，他发现这些加减乘除的核计并没有多大意义，老婆说：“还是去深圳吧，老家你是待不住的。”

于是，在家人的劝说下和自己多方衡量下，他回到深圳这个待了 7 年的地方。和以前厂里的 3 个台湾同事一起，来到光明楼村民生工业城，买了一台布匹冲床和 40 台电动缝纫机、几台检针机，招了十几个人，开了家名叫“和升”的手袋厂。

让他没想到的是，就在那个午夜守着一屋子碎布独自痛哭的夜晚后，这个开张才半年的手袋厂就行将倒闭。

几个月后的年底，正是体育用品出口业的生产旺季。他和这 3 个台湾同事，赶紧抓住这根救命的稻草，重新投资分股，给厂子挂了块新厂牌——丰溢运动制品厂，做回老本行——体育用品。

“代理厂长”

看着新挂起的厂牌，一屋子新的旧的工人，他似乎松了口气。那股憋了很久的气，像又重新续上了。那7年的情景又回来了。7年前，黄虎生进了威胜体育制品厂，当时他的职位，是经理兼代理厂长。“三来一补”工厂的厂长往往是村里派的，他是个外来打工仔，没有这个资格做厂长，所以只能是个“代理厂长”。

往事历历，洪潮般冲击他。他不知道自己是幸运儿，还是命运洪流中的一叶扁舟。

亲戚里有个表姐，1980年代就来了深圳，逢人就夸深圳好。说是在这个开发才10年的滨海特区，每个人，仿佛伸手就能触控自己的未来。听得多了，在乡里主管乡镇企业的副乡长黄虎生终于心动。1992年年底，年轻气盛的黄虎生带着简单的几件行李来到了深圳。

当然少不了投亲靠友找老乡，但是黄虎生算是幸运的。当时正巧有个机会，一家叫威胜的台资企业在宝安松岗建厂，还正在厂房装修阶段。黄虎生以前学过木工，当过几年木匠，就领了几个人帮威胜厂做安装工程。

二十世纪八九十年代，许多台湾人来深圳、东莞开厂，多为“三来一补”加工厂。经过二十几年的发展，台湾本地的制造业已经饱和，工人薪酬、政策、房租等，已无优势可言，工厂主们不得不另谋出路。于是，他们将目光转向了祖国大陆。说得具体些，他们盯上了东南沿海。深圳这块全国改革开放的试验田，又毗邻香港，自然成了他们的蜂拥之地。黄虎生帮做工程的这家台资企业也就是这么来到深圳，看中松岗的。彼时，松岗有个潭头工业区，处在107国道与松白路的交叉路口，交通便利，很多加工企业都喜欢这里。威胜厂就在潭头第一工业区。

原本负责这家台资企业前期工作的是个福建人。福建话和台湾话同属闽南语系，台湾老板信任福建人，自然也是常理。福建负责人，老乡护老乡，招了一批福建人，准备洗脚上田做工人。1990年代初的工厂，无论港资还是台资，都是众人眼里的香饽饽，又是考试又是面试，还要本地人担保，最后才能穿上一套印 logo（商标）的蓝色工装，住进火柴盒样的宿舍区。正当这帮福建人说着闽南话，闹喳喳地谈论着闪着金光的未来的时候，哪知一夜之间，工地上一批电动工具突然都不见了，价值几万块呐！台湾老板一气之下，把这帮福建人全部炒了鱿鱼，让新来的黄虎生负责重新招工。这次，黄虎生也未能免俗，他招了一批湖南人和四川人。倒不完全是拉帮结派，不是乡里乡亲，不知根知底，连话语都不通，团队如何带？企业如何管理得好呢？

两个月后，厂子装修完毕，马上就投入生产，黄虎生自然也就做了主管，这是他在威胜厂的起步。当时，他也没想到，厂里会那么信任他，一步步地将整个厂都交给他管理。

开始的时候，同行竞争并不激烈，威胜体育制品厂订单很多，利润也高得吓人，但是，工人们做不过来，他们不会做！

台湾老板急得上火，黄虎生也急，但是心急吃不了热豆腐。对于中国大陆来说，“三来一补”还完全是新产业，得慢慢摸索学习。

好在这些刚刚洗脚上田的农民都知道“不会就学”的道理。黄虎生带着一厂工人，说干就干。他们把从台湾寄来的样品，一件件拆，拆了装好，装好再比较，想想哪儿是要点，哪儿要细心。白天过得快，晚上也不能睡觉浪费了。很快，工人们就熟练了，一个月不到，从一天做70件产品到一天做出700件产品，进步神速。不单学得快，学得好，他们还对机器设备做了改进。黄虎生私下里向学过裁缝、熟悉缝纫机的妻子讨教，如何提高那套三菱电动缝纫车的效率。经过反复多次测试，黄虎生带领员工把缝纫车的轮子直径由2.5寸增大到6寸，竟然大获成功，效果好得超出所有人的想象。

那几年，黄虎生唯一的念头就是管理好台湾老板交给他的工厂。老板们把厂子全权交给他，他们信任这个精力充沛又话语不多但句句中肯的湖南人。台资厂向来管理严苛，但他们却允许黄虎生灵活融入自己的管理理念。黄虎生感谢他们的信任。有主见的他，也抓住了这个学习的机会。全厂数百号人，黄虎生每天跟他们一起吃住，一起做活儿，觉得又累又充实。几年中，松岗的厂房越来越密集，潭头工业区越来越热闹，竟然也有点繁华城镇的模样了。然而，万事万物毕竟都有兴衰。1990 年代末期，由于股东内部理念分歧，工厂管理缺乏大的创新，也由于行业竞争日益剧烈，威胜体育制品厂不知不觉到了一个瓶颈期。拖了一段时间，黄虎生看不到改变的迹象，加之离乡日久，思乡心切，到了 1999 年 5 月，黄虎生和妻子商量后决定辞工回老家。“深圳待了这么久，该回家了。我们也攒了几十万，可以回家做点自己的事。”他目光闪闪地对妻子说。

回不去的故乡

黄虎生带着在深圳攒下的钱，回到了湖南老家。新衣服，新包包，一身光鲜地站在老家的土地上。离开老家 7 年了，“七年之痒”，乡愁撩人啊。几回回梦里回故乡，多少次，设想带着自己在深圳学到的本领，回到故乡大干一番。一旦真的回到阔别多年的故乡，几天的欢聚兴奋劲儿过后，黄虎生就发现，老家就是老家，老家跟深圳不一样。山还是那座山，水还是那方水，村口那条小路边的杂草，也都还是从前那几样。没有改变，也很难改变。深圳靠着香港，香港连着国际市场，到国际市场才能淘到金，发到财，湖南永州这块人文丰腴之地，离着国际市场还是太远了。

问起村里的人，老一辈更老了，滔滔不绝唏嘘不止的都是熟悉的过往；村里的年轻人，大多去了广东，黄虎生前脚走，其他人后脚走，很多人还是他自己招去深圳进厂当工人的。甚至村里的壮年，也不甘寂寞，去了广东的厂子打工，做做清洁，当当保安，也好过待在老家看护农田啊。

心有不甘的黄虎生又来到镇上，来到县城。城镇里人气自然旺得多，好些乡村人都到镇上城里买房子，街道上小店小铺也开了不少。记忆中的老厂子、老企业，以及前几年自己参与过的乡镇企业，却似乎没有了想象中的生机。拜访老同事、老朋友，人事代谢，有的离职下海，有的工作变迁，好不容易聚到一起的，除了热情劝酒，寒暄叙旧，已经很难有共同关心的话题可以深聊了。酒喝开了，老友新朋最想听的就是你在深圳那边的故事；最想问的就是，你黄虎生为什么还要回来这个人稀土贫的地方受窝？

黄虎生觉得有点憋闷，他开始每天东奔西跑，警犬般四处寻找生机。几个月过去，他跑了不少地方，依然两手空空。也试着做了几件早就想做的事情，结果还没上路，就赶紧刹了车。他甚至到过永州市里、省会长沙走走看看，期待发现一丝的商机，顺便打发一下寂寞难耐的日子。

快到年底的时候，家里来了个洋气的客人，把全家人都惊呆了——威胜厂的一个台湾股东！见了黄虎生，他只是笑，说既然来了永州，就要好好逛逛。黄虎生带着他四处转悠。他当然知道台湾老板的意图，但他牛脾气也顶上来了，边领着他转，边说着这半年来自己的想法。转到太阳快落山，这个台湾老板却突然说："黄虎生，回深圳吧，你就是在深圳开个小店铺，也比在这儿摸爬滚打强得多。"

光明开厂

再次来到深圳，黄虎生并没有选择回去仍等着他的松岗威胜原厂。他觉得，应该有个新开始。

于是，他在市内市外到处转。在盐田他看中了一处转让的小餐馆，当天晚上，因为跟朋友吃饭没及时签约。第二天，小餐馆被别人抢先签走。黄虎生快餐店小老板的梦破碎，不得不另觅商机。命运的水，再次把他这叶小舟推向了工厂。这天，他沿着107国道东看西看，又转到松白路左瞧右瞧，辗转到了公明镇，发现公明与松岗潭头工业区紧挨着，条件却不比潭头差多少，要是在这边开工厂，好好管理，估计会比在威胜打工强。在威胜，尽管老板信任，但大事不由自己做主，在公明开个厂，自己说了算，说不定就大发了，哪个台湾老板不是这样做起来的呢？他为自己的这个想法激动起来。

公明楼村，离光明华侨农场很近。光明华侨农场是深圳最早以“三来一补”方式发展电子业的试水者。1979年，光明华侨农场就创办了我国第一家合资电子企业，后来鼎鼎有名的康佳电子就是在这家电子厂基础上做起来的。20世纪90年代初始，光明的港资台资厂雨后蘑菇般地冒出来。到20世纪90年代末，各种加工厂更是进入大爆发时期，满街说各种方言的工人，满街大声大气的大小老板。黄虎生看准这个契机，也准备在光明开个小厂。

投资办厂买设备至少要花几十万，还要准备运营资金，他的钱还不够。黄虎生就找到那个跑到永州劝他回厂的台湾人，结果两人一拍即合，同意合股办厂，新的工厂当然还是交给黄虎生来具体管理运营。黄虎生一开始没有选择做回老本行——体育运动制品，而是招了十几个人，开了家手袋厂，主要做体育产品包装袋及运动包。不做老本行，一是因为他讲义气、懂规矩，不挖老东家的墙脚；二是他的牛脾气顶上来，觉得凭着管理大工厂7年的经验，又碰上光明片区产业配套齐全，干点什么不行？那么多人都抢着开厂，而且都经营得不错，他开办一个十几、几十个人的小厂，当然也不在话下。

工厂就在光明楼村民生工业园，名字叫和升。许多年后，黄虎生还偶尔来这里看看。今天的民生工业园，已经没了当年的热闹拥挤，厂楼挂着招租的广告，工人宿舍只稀稀拉拉晾着些花花绿绿的衣服，但齐整的厂楼、平整宽阔的马路、高大茂盛的街树、瓦蓝的天空，一如从前……

他慢慢踱步，几乎可以回忆起在这里度过的每一天时光。前前后后，他在这里度过三年，从和升手袋厂到丰溢体育制品厂，从8个月到26个月，他在光明的时光，是他这一生最困苦的，也是他这一生最光明的。

隔行如隔山，牛脾气顶不过现实。黄虎生的管理经验在小小的手袋厂根本没有多少用武之地。自己开厂做老板，和以前帮人管理厂子不同，老板要做的事与职业经理人要做的事，完全不是一回事。首先，老板要解决订单问题，要解决自己和几十号工人的吃饭问题。因为没有这方面的人脉，和升厂几乎拿不到什么订单。偶尔零零星星有几个小订单，半天就做完了，剩余半天，工人们就坐在厂里摆龙门阵或是去街上的麻将馆打麻将。黄虎生每次跟他们说话，心都是虚的。名义上，他是老板，但谁知道那些工人们心里是怎么看他的。那时光明工厂那么多，到处都需要工人，尤其熟手，他们完全可以给他甩脸色，拍拍屁股去另一个订单吃不完的厂。确实，也就有工人这么做，黄虎生不得不一次次重新招人。即便留下来的工人，也不上心，交到客户手里的东西，好几次，人家都要求返工。黄虎生这才发现自己还是太鲁莽了，太年轻气盛了。但现在后悔没有用，掉眼泪也没有用，活下去，必须活下去！

于是，他每天一醒来就像饿得两天没吃饭一样到处找订单，甚至去别的同行那儿求点人家做不完的小订单来，勉强留住工人，也勉强撑住自己的面子。有一次，他意外接到个小订单，兴奋得像只陀螺一样打转，厂里却是空的，他这才想起因为没有订单厂里已放假两天了。在街上的麻将馆，他找到了几个工人，高兴地求他们回来上班赶工，工人们叼着烟，手头仍哗哗哗搓着麻将，斜眼看了看他，慢悠悠吐出一句："黄厂长，你那点订单，就不要麻烦我们回去了吧，等你订单多了，我们再回去，给你天天加通宵的班也愿意。"他再说些什么，人家干脆不理他了。没办法，他只好跑到厂里，自己动手剪起布来。

后来再回想，凡事都有两面，这段经历也锻炼了他，如果没有这段

黄虎生难忘在光明创业打拼的岁月。图为创业时租住的农民房

艰难岁月给他消火泼水，他以后的路也不会走得那么稳当，遇事也不会那么镇定，自然，也不会完成从一个高级打工者蜕变成一个创业者、企业家。

回归老本行

仅仅维持了 8 个月，和升手袋厂就濒临倒闭。原来有几个体育用品界的老客户打听到黄虎生在光明做手袋厂，跑来劝他还是回归老本行，可以帮他们做些产品。威胜厂的台湾同事也支持他这么做。工厂合伙人提出，不能再做手袋了，再做下去会连底裤都赔光。黄虎生刚开始还牛脾气，不服，可眼看投资打水漂，跟着自己的家人和工人就要饿肚子，这才同意转行。就在这年年底，和升手袋厂摇身一变，成了丰溢体育制品厂。设备和厂房仍是旧的，产品和工人换了新的。让黄虎生没想到的是，自己竟有种如释重负的感觉，犹如一条离开水面太久的鱼，“扑通”，一头扎进熟悉的水里，大口呼吸尽情畅游。

跟手袋厂不同，丰溢体育制品厂一开张即有订单，一部分是自己找的，另一部分，竟然是原来松岗威胜厂的老客户！因为经营不善，也由于时机轮转，威胜厂衰败起来，不过一年半载的时间。那些原本就熟悉黄虎生，对黄虎生信任有加的客户，听说他开了厂，二话没说就把订单转过来，下到了丰溢。

来不及思考那么多，黄虎生风尘仆仆地开始了新生活。这一回，他觉得，他真的是开始了新生活，做着他喜欢的事，做着他拿手的事，仿佛面前一大片田，等着他去播种。

每天早上他天不亮就起来了。也许是从家里床上，也许是从厂里的沙发上，也许是随便哪个木条板上。然后，简单洗漱下，骑上摩托车，一路朝东莞塘厦奔去。

赶早的农民们若是留心，他们会记得这个皮肤被晒得黑黝黝肌肉结实的男人。他的摩托车总是开得飞快，恨不得快如离弦的箭。摩托车灵活地穿梭于人群中、菜筐间、牛群旁，也不等人给他让道，早已一溜烟跑远了。赶到塘厦客户那儿，天还没完全亮透，黄虎生就趁机买两个路边的包子，坐在厂门口边啃边等。从客户那儿回来，天终于透亮了，万丈艳阳洒满厚厚的地砖。摩托车轧着这厚地砖，一路匆匆赶回厂里，厂楼边的树梢上，叉着个又圆又大的太阳，人望一眼，会比睡了十个好觉还精神。

要是从家里床上起来，也是天还蒙着，他赶不及吃早饭就往厂里奔。

拐出公明镇中心人烟就少了，水泥路上跑满了货车小车摩托车，他们这些做工厂的忙，其他行业的人也忙。

公明的家

办新厂投入不小。说来，黄虎生只是丰溢厂几个股东之一，还是占股最小的，但心里，他觉得这厂是自己的孩子也是自己的家，比谁都护犊子。短短一年时间，厂子在他的管理下效益越来越好，将后面一幢三层楼的厂房也租了下来。

那是他最忙的几年，忙并快乐着，觉得生活有奔头。白天，他在工厂这个家，晚上，他不那么忙时，会回到附近那个真正的家。

老婆带着儿子年前就来了公明。为方便在公明中学上学的儿子，他们在镇上租了套当地农民准备做新房的三房套屋。黄虎生骑着摩托出工业园拐几道弯，再绕过挤满恋爱青工男女的红花山公园，就到了自己家租住的农民房楼下。

还在楼下就望见自家灯火亮着，推开门，饭菜摆在桌上，仍是热的。儿子和老婆等不及，已经吃过了。此刻，他们坐在另一张桌子上，儿子写作业，老婆忙着手头的杂活。她问他，饭菜要不要再热热，黄虎生已经吃了两筷："正好。"吃完饭，老婆儿子都做完手头的事，玩起了弹子跳棋，黄虎生擦擦嘴，也凑过去。老婆笑笑："你来陪儿子玩，我去收拾碗筷。老是输给他，这个小鬼头，你才治得服他。"黄虎生赶紧坐到老婆让出的位置，儿子抬起头，眼神有点躲闪地看他一眼，却说不玩了，还有书没看。黄虎生的脸沉了一下，也不好说什么，儿子真的就进了房间。

老婆告诉他儿子又得了什么奖，进了年级尖子班。望着他，黄虎生有时奇怪儿子怎么一下长这么大了。第一次离开儿子来深圳时，儿子只有三岁，刚学会叫爸爸。决意离开深圳回老家时，儿子已经快上初中了。等老婆带着小学毕业的儿子来公明上学，儿子又变样了，比他矮不了多少。

时间像魔术师。

但他还是高兴的，儿子越来越像他，也有股牛脾气，做事踏实，心里有秤有尺。他看着儿子半闭的房门，又看看忙碌的老婆，闻着空气中不同的气息。这股气息，是他渴望多年的，也是陌生的。出租屋装修得很好，跟他以前住惯的厂里宿舍不一样。老婆也会收拾，卧室是卧室，客厅是客厅，厨房是厨房。他满意地环视一周，困意泛上来，觉得今天晚上，可以睡个踏实觉。

可他依然没睡好，不停做梦，有的还是噩梦。在梦里，他仍是手脚不停，不是帮工人装产品，就是楼上楼下地跑。这个夜晚，他还梦见了一年多前的事，也就是他开手袋厂的事。厂里发不出工资，工人们坐在厂里窃窃私语，他急慌慌地跑出门找人借钱，却一脚踏入虚空，整个人掉落黑暗中。

一惊，他就醒了。摸摸额头，汗水湿津津的，窗外还是黑漆漆的。他再也睡不着，蹑手蹑脚爬起来，拿了东西下楼。到了厂里，一颗心才跳得没那么慌了。他用手掌搓了把脸，清点了几批准备出库的货品，不放心，又确认了一次。

其实他常常做这样的梦。偶尔一两次，他还会梦见自己站在滔天的洪水前，洪水快要倾倒下来，他后退几步，扯开一扇巨大的铁闸门，“轰”地挡住洪水。事后他想，这是什么意思呢？他不过是千万个来深圳打工的人之一，比别人能干点做了厂长，那洪水又代表着什么呢？

应许之地

光明的厂房比松岗还密集时，黄虎生发现招来的工人年纪越来越大，薪酬越来越高，制造业利润薄，厂租也渐渐成了财务一大块负担。当时，深圳市政府鼓励传统加工厂外迁，丰溢也一天天壮大，需要更大的厂区，一为满足生产的需要，二为外商来参观，面子上也好看，他和几个合作的台湾人商量，考虑搬迁的事。两个年纪大的老板主张搬到惠州，黄虎生坚持到深圳别的地方找厂。他真正喜欢上了深圳，这个城市有活力，鼓励创新，这是中国其他地方不能比拟的。这一点，可能是他那年决意离开深圳回故乡时，才深刻意识到的。最终胳膊掰不过大腿，依照多数股东的决定，丰溢还是搬到了惠州。

搬家那天，车子穿过熟悉的工业区，向东边的惠州新圩镇出发。黄虎生记得，那年一篇红得发紫的网文《深圳，你被谁抛弃？》，梳理了改革开放以来深圳 20 年的成就，也写了他们这些工厂，大量外迁出深圳的工厂，让人怀疑这座城市是否还能保持强劲的活力与增长。当局者迷，他们当时都是当局者，但黄虎生久久地打望（方言，打量）车窗外，觉得他还会回来。深圳这个地方，培养了他，成长了他，隐隐地，他觉得，这个地方，就是他的应许之地。

2003 年，丰溢厂搬到惠州后，在黄虎生的手上蒸蒸日上。但是，黄虎生发现了些问题，也是这些问题，让他最终和几个台湾大股东分道扬镳。

他没赚到什么钱！更准确地说，他发现不断付出、投入，却没有得到什么实惠。干得越久，他的股份竟被稀释得越厉害，连最初办厂的百分之十都不到了！很快，他就明白了怎么回事。他是聪明人，当了这么多年厂长，实际仍是个纯干活的职业经理人，而公司的利益链条很长，可以长到他操控不了的海外。他和几个台湾人的办厂理念也越来越有分歧。台湾合伙人，包括原来威胜厂的老板，都觉得办个工厂，吃好喝好过好这辈子就很好了，太远大的事情，他们没有兴趣去想。黄虎生觉得自己不是这样的人。他必须马上止损，果断撤资，离开惠州，回到深圳。

2005 年，黄虎生看中了坪地。他觉得它竟有点像 2000 年的光明，大大小小的厂子四处开花，每寸土地都冒着生机。甚至坪地的华夏工业园跟光明的民生工业园布局都相仿。黄虎生将自己的新厂子取名为“逸腾运动制品厂”，仍做来料加工。

光明的味道也一直保存在黄虎生的记忆里

再次创业

5 月的深圳，已经入夏，天一天热似一天。为了逸腾的诞生，黄虎生倾其所有，还向亲戚朋友借了一大笔债。那时深圳，正是房地产的黄金时期，老婆和亲戚后来都笑说，若是那时将这笔钱买了房子，现在也是亿万富翁，只管天天躺着收房租，根本不用那么辛苦地办厂子。但黄虎生不后悔，他喜欢做实业，只有看到从自己厂子里做出客户满意的体育制品，他才觉得整个人正常了，肝肺各在其位，呼吸也顺畅。

他是如此小心翼翼地呵护这个小婴儿的成长，为它日夜奔波人憔悴。他知道，这次，他是真的独自一人站在风口浪尖，没有退路，甚至没有助手。底下几十号人小鸟般仰头张嘴等着他养活。有的还是这些年都跟着他的老

重返当初公明工厂旧址，变化巨大，唯有林荫路上恰好下班的工人，给黄虎生熟悉的感觉，当初，他也曾和工人一起有说有笑走街串巷

员工。他要杀出一条血路来，不单是为自己，更为这些把命运交给他的人。

那段日子，他的摩托车换成了小轿车。小车内，除了装满各种样品资料，驾驶位边还备着几袋冠生园的压缩饼干。去客户那儿谈完生意，赶往下一家之前，他就吃上几片饼干，拧开矿泉水冲下。他不爱吃干粮，却觉得那几片饼干是世上最好吃的饼干之一。

成长并不顺利，小婴儿常常没有奶吃，连米糊也不够。那些噩梦又找上门来了。他午夜坐在成山的布堆上哭；他四处找工人；他天不亮就出门去客户那里，却发现腿像被绑住，寸步难行。清醒后，他久久坐在办公桌前。员工们来上班了，发现老板又是一夜没回家，眼睛还红红的。其中，有个相熟的就过来，坐在他对面："黄总，你不是说2000年在光明开手袋厂是你最难的时候吗？我们不都挺过来了？现在起码还勉强能糊口。"等他走后，黄虎生抹一把脸，折进车间，工人们已经各就各位，车模具的车模具，组装的组装，装货的装货，有的还朝他笑笑，黄虎生也朝他笑笑，继续回办公室工作。

天上在这时竟掉下个大馅饼！

有个日本客户，给逸腾下了30万条体操彩带。这么大的数量，不单逸腾这个小厂一时消化不了，浙江材料厂也卡住了，短时间内不能完成。黄虎生跟日本客户解释，日本客户却要浙江材料厂直接跟他解释原因。黄虎生没多想，将联系方式给了日本客户，他哪里想到，日本客户竟然甩开他，直接跟浙江材料厂下单。后来，日本人再次找到黄虎生，他才知道这里面的弯弯道道：浙江那边由于配套不全，材料厂根本做不出成品。日本客户到底狡猾，逸腾按时按量交了订单，他倒反咬一口，以货品染料有色差扣了黄虎生5万多美金。

整个一年，工厂也就这点利润。万事开头难，屋漏偏逢暴雨。黄虎生只得咬紧牙，继续硬撑着。现在说来都好笑，当时厂里穷得连客户的招待费都得一分一分地省。请客户吃饭，吃了饭照例是唱卡拉OK，酒水贵，黄虎生和公司高管就想方设法在餐馆灌客户酒，客户在餐馆喝够了，去歌厅自然就喝得少了，一次下来，也能省个上百块。

这种吃哑巴亏的事，后来黄虎生还遇到一次。英国一家公司倒闭了，近40万美元打了水漂，幸好，那时工厂已经长强壮了。

逼上创新路

随后两年，逸腾终于跌跌撞撞爬过了最艰苦的创业期，以为可以喘口气了，晴天却又突遭霹雳——2007年美国次贷危机引发了全球金融危机！一直以来，他们这种体育制品加工厂对固定客户都十分依赖，特别是欧美客户，OEM（代工）的产品几乎全部出口到欧美，一旦那边打个喷嚏，这边体育制品加工厂就必得感冒一场。

像被人卡住了脖子。开厂这些年，厂子做到一定程度，就会遇到类似问题。黄虎生也早已意识到了这一点。但这一次，一双大手不容分说地将他推上了那条一直梦想的路。金融危机不单导致自己的工厂订单减少，也导致整个坪地、整个深圳、整个广东乃至整个中国加工厂的订单减少。那段时期，到处都能见到搬家的厂子，也能见到破产转让的厂子，风把垃圾吹得四处狼藉，街边的小吃店麻将馆网吧生意又好了，没有活儿干的工人们裹在浓浊的烟雾喧嚣中骂骂咧咧消磨时间。

黄虎生召集厂里高层开会，宣布了一个重大决定：成立研发部。高层们一时不能接受，他们认为，这种中小型来料加工厂，根本没必要成立研发部，若研发部，无疑将很大地加重自身财务负担，又可能竹篮打水一场空。可黄虎生心意已决，他要自主研发产品。会议上，他挤出笑脸安慰高层们，也许将来，他们真会自力更生，完成厂子的转型。

此后11年，黄虎生带领工厂走上了一条自主创新之路，这一路有多不容易多曲折，远远超出他起初的想象。摸着石头过河，被石头扎脚被泥窝崴脚的事常有发生。他有时也不禁心生退意，觉得像以前那样等

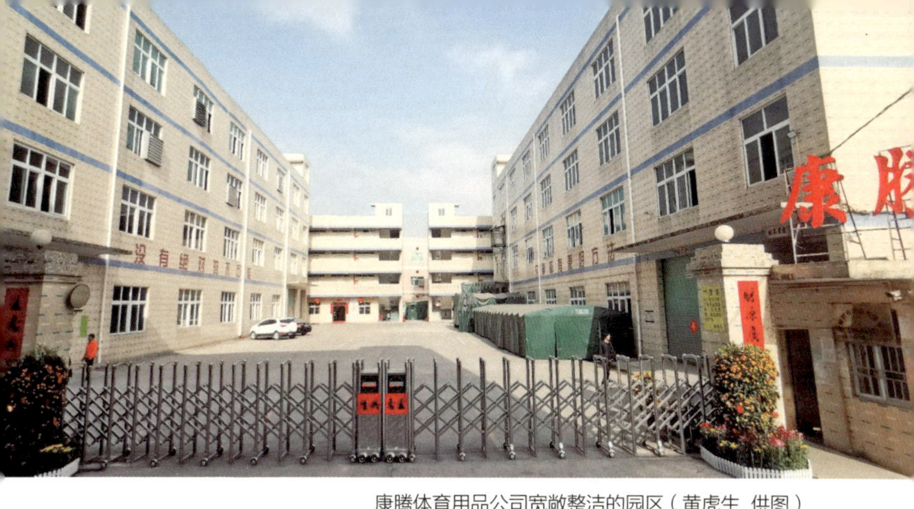

康腾体育用品公司宽敞整洁的园区（黄虎生 供图）

客户投食得过且过的日子也挺好，成不了大胖子，但也活得下去，何必现在这样每年投入一两百万做研发，还看不到什么实际成果。牢骚归牢骚，黄虎生仍低头专心做着手头的事。当初他执意撤资从惠州回深圳，除了没赚到什么钱，最重要的，他从没跟人透露过的，是野心！多年前，2003 年离开光明，这颗野心的种子就种下了——创新。当时，也许它真的不过是个小小念头，渐渐地，念头的种子发芽萌叶，让他坚定了离开的决心，于是回到深圳，来到坪地。

2009 年 9 月 9 日，逸腾体育制品厂更名为康腾体育用品公司，迁到坪地另一处大两倍的厂区，营业执照上的法人代表终于成了黄虎生。从创办手袋厂至今，将近 10 年，黄虎生终于名正言顺地拥有了完全属于自己的工厂！

新厂区有几万平方米，两幢生产大楼平行相并，楼身上各书一行大红字：“凡事都有更好方法”“没有绝对的不可能”。

是的，凡事都有办法。这是他做工厂近 30 年的感慨和精华之谈。康腾挺过了金融危机，也许经历了病痛反倒增强了它的抵抗力、免疫力。

完成生产后，产品的检测也是重要环节（黄虎生 供图）

这几年，康腾节节攀高，无论从哪方面看，都已成为行业翘楚。2012 年，康腾注册了自主的研发品牌：摩丽斯丹。同年，公司也获得了深圳市政府的创新扶持基金。这无疑，是一个极大的鼓励。

当年刚搬到新厂区，房子很大，属于自己的创新产品却很少。黄虎生和研发团队一道做市场调研，又到处去别的体育用品店“刺探”，看到有好的产品，眼睛发光地买一个回来，众人一起兴兴头头地拆装分析。当然，要先打开国内市场才能走得更远。其间，他们打过乒乓球的主意，中国人喜欢打乒乓，可乒乓球不需要设备，小孩子有个球拿只拍也能玩得挺欢；又在公园里发现了陀螺，这种传统娱乐体育项目，大家对它应该有感情，可爱玩陀螺的人并不多，城市里可以玩陀螺的场地不多，抽打陀螺的绳以及跳起来的陀螺也容易伤着人……

全厂上下，都被黄虎生发动起来，观察思考。亲戚朋友也不例外，要求眼观四方耳闻八面。黄虎生自己也经常出入展览会、研讨会、图书馆、专业讲座，有目的地出差，有目的地拜访，不再在应酬之地流连。

这天，黄虎生和一个羽毛球教练聊天。教练说，喜欢打羽毛球的人很多，可场地常常受限，到专业球馆打，场地少租金贵不说，出门又是开车又是走路，也不方便。公园和小区空地倒是可以打，但那种地方，又没有设备，打几分钟，你就没了兴趣。

说者无心，听者有意。黄虎生立即和研发团队说了他的想法：从国人偏爱的羽毛球下手。研发团队经过考察、研究，设计了一款羽毛球分界拉网，这款分界拉网产品可以在室内、户外使用，收缩方便，测试获得好评，但还是不便携带。黄虎生又和团队一起改进，几经周折，终于推出了实用、方便的羽毛球便携折叠网。2018 年，这款便携折叠网开始在国内市场销售，几个月之内，就取得了喜人的成绩。网友反馈说，比起同类品牌产品，摩丽斯丹款羽毛球便携折叠网，更精巧，更好用，性

采访人员与摩丽斯丹团队在红花山合影

价比更高。

就是以这种常人难以觉察的用心观察、精心研发，康腾的产品竞争力日渐提升，摩丽斯丹品牌渐渐闪亮起来。如今，公司已有三十几项专利，在国内同行中拥有更多的发明专利和外观专利，这些发明专利，日益成为康腾最核心的竞争力。

新的路，新的梦

2018 年，中美爆发了贸易摩擦，欧美那边订单又受影响，有所减损。但这一次，黄虎生不怎么怕了。

儿子黄宇从美国读工商管理研究生毕业回来，进厂帮忙已经 4 年了。儿子英语好，公司外贸基本都转为他负责，黄虎生再也不用一见外商就拿个翻译软件，跟人磕磕绊绊地词不达意了。喝过洋墨水，还是不一样。黄虎生发现，自己跟外国人打交道，总觉得是在跟“敌人”打仗，跟“别人”做生意。除了生意关系，感情上始终走不近。儿子就不同了，与外商聊生意，聊文化，就像老朋友一样，是一种平等、自然的亲近，没有一丝生意上的谄媚。

黄虎生有时告诫儿子，生意上害人之心不可有，防人之心不可无。有一次，一个英国客户跟儿子说，请允许他来厂参观，并要求了解公司最新款的产品。黄虎生听说，立即制止了热情过头的儿子。果然，这家英国客户是同行，只想刺探他们的新技术。

但是，黄虎生从骨子里喜欢儿子的憨劲。黄宇干劲十足，没有废话，有主见，也爱较劲，跟他一个样。尤其对于新产品研发，儿子很上心。有个客户订了产品，儿子非常用心地盯产品优化，但是没能很好地跟客户沟通。到了交货期，市场行情有了变化，客户借故取消订单。黄虎生知道后，先是将儿子“教训”了一顿：客户因为行情变化，需求也随时可能变化，不能光盯着产品本身，要对市场行情保持高度敏感，随时跟客户沟通。后来，他仔细地了解了儿子跟进的优化产品，认为很有创新价值，这个客户不要，别的客户会抢着要。果然，这款产品在进一步改良后，成为公司拥有自主知识产权的市场主打产品。

国内老百姓的文体娱乐消费越来越大,国家对体育产业越来越重视，这是黄虎生能够坦然面对国际贸易危机的另一个原因。家庭、学校、社区对休闲类体育设施的需求越来越殷切，摩丽斯丹产品在网络电商平台越来越受欢迎，给了黄虎生信心。台湾贸易公司问他要不要搬到越南去，那边正是加工厂膨胀期，火热得如同30年前的深圳。黄虎生经过慎重思考，作出决定：不搬。问他为什么，他说，留在深圳，留在国内，可以兼顾海内外两个市场。搬到越南去,也许又要回到被人掐脖子的老样子了。

2020年，黄虎生55岁，精气神旺盛的他依然像年轻时那样，天天一头扎进车间。他喜欢跟员工们聊天，有空闲，也喜欢琢磨设计组装产品，只有做着这些，他心里才是踏实的。每天早上，他从车程十几分钟的家驱车来厂，处理完杂事，就去车间。车间里，都是些脸有皱纹头有白发的男女，这些中年人，他们似乎具备了对城市中心商务区光怪陆离繁华热闹的免疫力，安于此一隅偏远的工业区。其实，从2000年之后，车间就招不到什么年轻面孔了，他们宁愿到市中心去卖房子跑保险端盘子，觉得工厂既没意思又没钱挣。生产主管也是个头有白发的中年男人，正在跟几个工人检查货品，黄虎生朝他点点头，兄弟般拍拍他的背，主管也朝他点点头。这个生产主管，前一阵因为自己的一点情况，对厂里的事不太上心，客户反映质量问题，黄虎生没当即找他发火，事后才找他谈了一次心。跟了半辈子的人，黄虎生了解他，他们也了解自己，看着彼此脸上的皱纹怎么一根根生出再如何一点点加深，他们其实总是心照不宣。

黄虎生不是不知道，随着深圳的飞速发展，人口激增，工业用地越来越少，房租也居高不下，许多厂被逼搬到附近的东莞，甚至东南亚一带。2018年，高新科技的龙头企业华为也将终端全部迁至东莞松山湖。这些，无疑引发了深圳是产业转型还是实体经济被逼走的激烈争论。黄虎生也知道，这座繁华的大都市，离不开制造业，它创造了她的繁华，如今的多数科技创新企业都是从制造业发展来的，离开了制造业的支撑，会导致创新的空心化。不错，深圳的制造业，以前都是从香港、从台湾转移过来的，深圳以后也许就是今天香港和台湾的样子。但是，黄虎生也关注日本，关注德国和瑞士。这些超级发达的经济体，制造业依然强劲，并没有出现严重的空心化问题。深圳早几年就已经陆续出台了种种增加工业用地，留住人才的政策。美国，也在大力鼓励制造业回流。制造业出走，也许不是唯一的出路，制造业转型升级，也许才是深圳制造业最应该去探索的一条路吧。心里这么想，但是他从来不多说。

黄虎生还记得许多年前，他参加高考那年，在湖南老家，考试前一夜，他腕上那块抵得上全家家当的上海手表被人偷去，直接影响了第二天考试的发挥，导致原本学习成绩优异的他没能考上大学。他争硬气，铆足了劲去学木工，当木匠。谁能想到，他这木匠手艺，被台湾老板看中，一番波折后当上了厂长。

他还想起这些年，跟他一起开厂的那些人，以及那些工人。他不知道他们每一个现在在哪儿，做着什么，也许跟他一样仍开着不大不小的厂；也许成了大企业家，左右整个行业的命脉；也许成了富豪，流连于深圳的灯红酒绿；也许回了老家，做一点勉强生活的事；也许，坐在某幢楼上，帮着儿女带孩子，此刻伸颈打望窗外。四十年光阴，这座曾经贫荒的深圳小城成就了令世人叹服的耀眼奇迹，沧海桑田，也不足以形容它。火车不停进出城市，街上人头攒动，每一个人，都像新印象主义画家笔下的微点，他们，共同铸就了一幅巨大的稀世图景。

从车间出来，就到了院坝，厂区中间宽阔敞亮的一块。深秋的阳光，竟然比夏天的还要灼亮，阳光晒着他，让黄虎生想起无数个这样的时刻，

黄虎生一家故地重游

他在不同的厂区晒着太阳，火烫的、毒辣的、温煦的、清寒的、轻盈的、明亮的……时间一晃，就过了 26 年。26 年里，他驾着命运的小舟，在人生的大海上颠簸，无论怎样迂回曲折，总是朝着内心指引的方向，下死力划，或许缓慢，但总能到达彼岸。他这叶小舟，起码有桨，起码有野心作导航。他特意把儿子黄宇也叫出来，一起来到院坝里感受阳光，让阳光来照亮命运小舟的航向。

采访团队在寻访光明工厂的日里，无数次听闻创业者的**精彩**城市建设的**辉煌**，也未尝不知些在创业外围和在城市金字塔座的**混沌和苍莽**。

第六章

工业区的“龙门客栈”

工厂·工业区·城中村

有人的地方，就有江湖。

珠三角工厂世界的江湖曾经很小、很狭窄。

五湖四海的外来人口涌进深圳，目的是进厂做工，按劳取酬。无论是“计件”还是“计时”，都必须争分夺秒，用时间换取金钱。“时间就是金钱，效率就是生命”，这句口号之所以深入人心，就是因为口号概括得太好了，一针见血说到了点子上。

为了争取时间，工厂 24 小时开工，工人两班倒、三班倒。闲散惯了的乡村劳动力到了深圳，进了工厂，就如同打了鸡血，没日没夜地在流水线上劳作。吃饭要跑步，睡觉要到困得不行，一上床，倒头便睡。食堂在厂子里，宿舍也在厂子里，一年到头，工人足不出厂。也有一些工厂，任务不是太饱和的时候，一周或一月多放几天假，结果工人抱怨不已，纷纷离厂——天天放假，去哪里赚钱？后来慢慢就有了通例：关外的加工厂，通常一月休一天。这一天，工人洗衣浆衫，外出采买点日用品，到邮局汇款寄信，与亲人老乡见个面，就又回到车间里。也有去东门、去华强北，去锦绣中华、民俗文化村、世界之窗，来个深圳一日游，结果钱包立时就瘪了，于是改去免费的东湖公园、莲花山公园，溜达半日，折回工厂。2008 年之前，确有工厂强制加班的案例，但是更多的是工人宁愿加班，不愿在厂外游荡。背井离乡来深圳，目的是淘金，不是旅游。早期的外来劳务工实在是太实际了，不像后来富士康等大厂的知识工人，有许多超越金钱的追求。

工厂 24 小时开工，工人两班倒、三班倒，
工业区内反而很少见到闲逛的人

走出工厂，通常就是工业区。

深圳最早的工业区在蛇口。蛇口原是一片海滩和荒山，路面坑坑洼洼，连厕所和洗脸水也没有。蛇口工业区建成以后，高层建筑林立，道路四通八达，万吨级码头开通使用，电信、供水、供电、防洪、供气和处理污水等初具规模，一个现代化的工业新城区在我国南海前沿崛起。蛇口社区形成了特色鲜明的新型社区运行机制，被称为“中国街道之星”。

但是，不是所有工业区都有蛇口这么好的发展条件。

香港招商局量体裁衣，不要 30 多平方公里的南山半岛，只要 2.14 平方公里的蛇口一隅，是因为招商局的资金只够开发蛇口，不够开发南山。可是整个深圳经济特区不一样，特区 327.5 平方公里全都要想办法开发。

最早规划建设的一个工业区就是上步工业区，华强北就是在这个工业区基础上发展起来的。华强路只是上步工业区内的一条道路。

上步工业区，与蛇口工业区不同。

蛇口工业区社会配套比较齐全。招商局从香港来到蛇口，工业区配套沿袭香港模式，生产区、生活区、公共设施，一开始就规划得比较齐全，建设得比较好。资金准备和资金投入都比较充分，后续发展的节奏也控制得比较好。即使遇到一些难以预料的问题，也及时想办法解决。如金融服务跟不上，就开办招商银行，解决资金融通问题；社会保障不足，就成立平安保险公司，发展商业保险。蛇口工业区的发展条件，是后来深圳的许多其他工业区都不具备的。

上步工业区，是在深圳市财政资金捉襟见肘的情形下开发建设的。“三通一平”，平整好土地，开通道路、水、电之后，要做的就是建设标准厂房，有一些生活配套，但是非常稀缺。边开发，边建设，边生产，边招商引资，上步工业区就是这样起步的。工业区兴旺发达起来，特别是后来华强北商业街发展起来以后，人满为患，从业人员都住到什么地方去？工业区

员工宿舍通常是 8 人一间，阳台永远挂满衣服

有的大型工业区服务配套相对完善，“完善”是指建有食堂、小卖部，满足工人基本的饱腹和日用品需求

没有配套那么多居住空间和生活设施，怎么办？

那还能怎么办？住到“农民房”里去！

上步工业区周边有赤尾村、福华村、岗厦村。这些后来的“城中村”，大量建设“农民房”，提供给工业区和商业街的从业人员居住。起先是简易平层，后来不断加层加高，密密麻麻，形成“握手楼”的奇特景观。楼与楼之间密不透风，这栋楼的住客从窗户伸出手，就可以与另一栋楼的住客“握手”聊天。

有人算过一笔账，每引进1亿境外直接投资大致可以创造1000个生产岗位。深圳早期，奔赴这些生产岗位的劳动者不是住进了产权明晰的商品房，而是住进了没有清晰产权的城中村的“农民房”。

深圳的城中村具有罕见的密度和便利的服务。这里走出过很多人物，有企业家、发明家、艺术家、演员等等，是个具有浓郁自由氛围的城市天地。深圳城市化研究学者李津逵不认可城中村是深圳“毒瘤”的说法。李津逵说，城中村是深圳的奶娘，她养育了深圳。

城中村对于早期工业区的价值，只有在改造之后才能更好地理解。

工业区周边的城中村形成“握手楼”的奇特景观

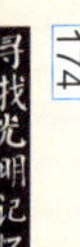

“握手楼”一角

李津逵举了个例子。岗厦村改造以前建筑面积是 51.4 万平方米，本地人口 900 人，外来的租户 7 万人。改造以后，它的面积增加了一些，达到 70 万平方米。增加的面积、变化的户型使得居住成本迅速升高，原来住在里面的人再租不起了。结果是原本 7 万人的岗厦只住进 1 万个高收入的人，低收入的人都去了关外的龙华。住在龙华最大的问题就是每天要过梅林关，汽车、公交、地铁，不论你选择哪种交通工具，都是一个堵。

美国人类文化学者马立安曾经带着一批美国的高中生参观华强北。他们中的很多人在美国就听说过深圳的华强北是“创客的天堂”。但是看过之后，他们的问题就更多了。概括起来说就是，他们无法理解究竟是什么原因造成了深圳在极短的时间内，变成一个全球重要的IT中心?是什么让全球最有创造力的人才、加工条件、物料等元素都集中在深圳?

想了解这种经济传奇背后的故事，就无法忽视深圳的多元与混杂的城市生态。所以马立安又带他们去了关内最大的城中村——白石洲。马立安希望通过白石洲之旅让来自大洋彼岸的美国高中生明白他们苦苦思索而得不到的答案：因为城中村让普通人能够低成本居住，进而降低工业区和商业街的运营成本，也为当今的大众创业提供了能够承担失败的最佳土壤。

光明曾经的江湖

看懂了深圳的江湖，我们再来看光明。

光明区的工业园区起步比较晚，比关内的蛇口、上步晚，比关外其他地区也晚。20 世纪 90 年代以前，光明农业用地控制很严，“三来一补”企业在这里找不到发展空间。直到 1992 年，东方风来满眼春，光明才按捺不住，大规模腾地建厂，发展工业。到 2000 年前后，光明的工业园区达至鼎盛时期。

最早的“三来一补”工厂，因陋就简，谈不上入园。石岩上屋怡高厂就在村委办公楼二楼加工生产，哪里有现成的厂房？后来有了积累，才自己建厂的。光明的情况差不多，早期的“三来一补”工厂都是利用空地空房，拉起一班人马就干。很灵活，也比较乱。缺水、缺电、缺生产配套，也缺生活配套，可也能将就着坚持下来。主要是因为那时“三来一补”企业还比较少，竞争不太激烈，人工成本低，企业利润高。这些星星点灯一样的小型加工企业，像小草一样地长出来，又像小草一样地枯萎了。今天，除了街边店形式的小型加工厂（这些加工企业的能量可不低），已经很难找到那些登堂入室深入寻常百姓家的加工企业的踪迹了。

随着加工企业的星火燎原，村民们尝到了加工生产的甜头，村集体也开始行动起来。村里平整土地，“三通一平”“五通一平”“七通一平”，反正就是把基本的水、电、路修通，把标准厂房盖起来，租给“三来一补”企业使用。起先是平整一块土地，盖一栋两栋厂房，租出去。后来厂家对基础设施要求越来越高，对厂区管理也提出了更高要求，于是开始成片开发土地，成规模地建设厂房，形成园区，统一管理。这就是工业园区模式。

鼎盛时期，光明辖区由村集体建设的工业园区多达140多个，入驻工厂企业5000多家，其中规模以上工厂企业120多家，分布在辖区25个社区。再后来，有些很有实力的大企业、高科技企业、上市公司，他们来到光明自己买地，按照自己的企业需求自建工业园区，或者在政府规划的大工业园区、大科技园区内，建设“园中之园”。这个时期，光明已经快走过了工厂时代，开始进入科学城和制造基地时代了。

根据资料显示，2000年前后，光明工厂特别兴旺的时候，仅公明镇总人口就有953442人，将近100万人。其中，户籍人口27004人，占比2.83%；外来人口926438人，占比97.17%。这些外来人口还不包括没有进厂、没有常住的流动人口，如果加上那些快速流动的人口，公明镇的人口管理压力之大可想而知。

按照户籍人口配备的行政资源、警力资源，显然不足以维护外来人口为主、总人口数量如此庞大的当地社会秩序，所以各个村、各个工业园区都会自配保安力量，配合维护社会治安。一些商业公司，也参与进来，对工业园区进行专业管理，深圳石观公路公司就是这样介入工业园区的开发和管理的。

1998年起，石观公路公司与将石村合作建设3.4万平方米的将石石观工业区。将石工业园位于公明镇将石村内，邻近松白、观公、公黄和广深一级公路，交通便利，由于所在地为深圳市政府划定的高新科技发展区域之一，一流的硬件设施和软件配套，优越的工作生活环境吸引了一批有实力的投资者。落户工业园的客商包括创维、安吉尔、圣恩等知名品牌，涉及行业有制衣、多媒体、化妆品、电镀五金、家电等领域，经营收益非常可观。2000年，公司收购马山头村1.2万平方米的厂房宿舍，建成自己管理运营的马山头工业园。马山头工业园有七个工业区，加上

城中村具有罕见的密度和便利的服务。有人说，如果深圳没有了城中村，那么将有一大半的人离开深圳

周边合水口工业区、各自独立开发的工业区，是公明镇南部临近松白路和松岗镇的工业密集区，厂商云集，人口众多，货物往来不绝。2001 年起，石观公司又承接开发了政府划拨位的于公明镇上村的 100 亩土地，独立建设公明石观工业园，是当时关外少有的规范性中型工业区。

应该说，像石观公司这样的园区，管理和服务是比较专业的。然而，工业园区毕竟只是社会、社区的一部分。园区内的生产有序，不代表园区人的生活有序；园区内的管理再规范，不代表园区外的社会也同样井井有条。在外来人口密集、城市管理资源严重短缺的那几年，光明工业园区之外的社会，经历了好长一段时期的混沌。

当越来越多的人涌进深圳，而接纳普通人的“三来一补”企业又渐渐衰微的时候，深圳就进入了一个痛苦的转型期。那时深圳关外的街道上“漂”着的人突然增多，社会治安案件数量猛然飙升，让这座城市的所有人都猝不及防。公明就曾经因此而“名噪一时”。

当时的抢劫案之所以猖獗，跟大量无业素质低人口汇聚深圳“关外”和其他沿海地区，而深圳和其他沿海地区的“三来一补”工厂已经难以为这些外来人口提供满意的就业机会有关。早期来深圳的闯荡者，不仅数量少，而且往往是一些“有能力”“有想法”、肯吃苦的人。那时的“三来一补”工厂利润丰厚，可以给出令他们惊喜的工资报酬。2000 年后，深圳及其他沿海地区的“三来一补”工厂已经开始走下坡路，成本居高不下，工资也已经到了高位。不断涌入的外来民工数以百万计，很多人只知道来深圳发财，但他们自身既没有一技之长，也没有吃苦耐劳的准备，所以此类工厂已经无法为他们提供合适岗位，更加难以满足这些外来务工人员越来越高的工资需求。大量待工人员滞留深圳“关外”，不时铤而走险，成为治安隐患。

如今，深圳经济转型已经基本完成，高新科技企业取代早期的“三来一补”工厂成为城市经济主流。高耸的写字楼拔地而起，旧式的标准厂房已然冷清。曾经拥挤不堪的城中村，现在已经没有了昔日的喧嚣。再来深圳闯荡的年轻人已经非常理性，早来深圳的中年人已经越来越习惯朝九晚五的居家过日子。公明街上的夜，宁静了许多；灯火通明、彻夜加班的工厂几乎看不见了。

采访团队在寻访光明工厂的日子里，无数次听闻创业者的精彩、城市建设的辉煌，也未尝不知那些在创业外围和在城市金字塔基座的混沌和苍莽。鳞次栉比的摩天大厦，附近有共生的扰攘的城中村；秩序井然的现代工厂，也伴随着一个鱼龙混杂的江湖。这是成长的代价，时代的印记，生命的经验，终归是在所难免。不能尽书，却不能不有所记录。我们希望找

在公明，大型商超并不多见，人们更喜欢去街头巷尾的小铺子，买东西的时候唠几句家常

到一个点、一个视角，一窥光明工厂的时代背影，为那些渐渐淡出工业区的芸芸众生留下一点记忆。或许可以像拍武侠电影一般，借一家“龙门客栈”，一览与众不同、消逝不远的光明江湖？就这样，我们幸运地联系上了一对开旅店的姐弟，他们在马山头、马田、罗田开小旅馆多年。姐姐早就回了老家，弟弟还在这里经营，他愿意接受我们的采访。

我们几次走过熙熙攘攘的公明老街，在曾经拥挤不堪的马山头工业区穿行，可以吃到色香味俱全的可口早餐，难以发现烟熏火燎的夜宵摊。以往厂门口鱼贯而入又鱼贯而出的那些年轻俏丽的工厂妹身影几乎看不到了，看到的多是些不那么叽叽喳喳的体态丰腴得有些臃肿的嫂子们。工业区的厂房外墙显得有点发白，崭新的住宅楼却从厂房和城中村的老房子中间挺拔出来。我们从依然繁荣但已不甚杂乱的市场穿过，拐进村里的小巷子，就看到了小旅馆不起眼的店招。几次联系，几次到访，旅馆的老板阿刚夫妇与我们已经熟络。我们有一搭没一搭地细细攀谈，悠悠往事在袅袅香烟中弥漫开来。那个满是人、满是青春、满是激情、满是故事的草创时代真的结束了，它值得回忆，但再也不会回来了……

芙蓉旅馆浮世绘

没有成功的“逃跑”

2007年的夏日某天，“‘广西佬’跑了”。

正在三楼打扫走廊卫生的六妹，蓦地听到楼下丈夫阿刚的懊悔喊声，她嘴上啐一声，转身就放下拖把，快步下楼梯，朝着二层楼梯口的一扇小窗户“嘘”一声：“那么大声，生怕别人不知道啊？”

焊着短而密的护栏的窗户后面，是小两口的工作室，也是他们的卧室。房间东西不少，一张挂着四角蚊帐的双人床，床头紧挨着有一方矮柜，床尾墙上挂着个分隔盒，零星塞着几盒香烟，地上立着一条破旧长桌，堆放着一些杯子、盒子、塑料袋等杂物，主角是一台老式彩色电视机，又笨重得不合时宜。同样笨重的，还有大编织袋装好的厚被子、冬季的衣服，形状鼓胀，紧巴巴塞在桌底。与生意最紧密相关的，是窗户底下那张办理入住登记的工作台，台面有几本写过的笔记本，边角微卷，随意摊开，更多的是没拆封过的，被整齐地摞在一边。

六妹（左）与丈夫阿刚（右）

这个不到15平方米的

房间，因收拾得井井有条，最多还可以站下七八个人。但一个房间里有七八个人这种情景很少出现。一天到晚，这里只是老板阿刚或老板娘六妹枯燥值班的地方。他或她不断挪动、换位，站起又坐下，无聊地打发等待租户上门的时间，有时倒还觉着空间过大。恨不得多来几个人，就算不住店，说说话也行，免得老是看那些影碟，换那几个电视频道。

日子再无聊，夫妻两人都整日守着。自从 2005 年 8 月 5 日，阿刚交了 7 万元的转租费——那时候，这笔钱足以在光明买下当时蛮好的房子——从熟人的手中盘下这个旅店，他们再没有出过远门。来深圳后，去过最远的距离，就是 10 公里之外阿刚姐姐经营的旅店。“和以前的上海工友通电话，都不好意思说自己没到过世界之窗。”

“广西佬”就是在生意最黯淡的时候出现的。尽管手写登记了身份信息，租户在这里也只有一个代号，一般都是取自租户的家乡省份。只有来自湖南的，才可能被细分，因为来自湖南的人太多了，郴州、邵阳、永州、湘潭、益阳、怀化、常德等等，夫妻两人就是湖南常德人。湖南人过来住宿，总归熟悉、亲切得多。

这里的住宿，可分三种，以小时为计算单位的，是时租；以天为计算单位的，是短租；长租至少半个月。“广西佬”入住时，交了一个月租金，250 元。在阿刚的记忆里，这位 20 岁出头的小伙子沉默内向，但为人礼貌，衣着打扮还挺时尚，染了一头黄发，爱穿破洞牛仔裤，裤腰上串有链子。这是他在长沙待了六七年的时光里学到的。因为交过湖南女朋友，湖南话还说得挺溜，阿刚对他的好感又添了几分。

从“广西佬”的房间窗户望出去，可以看到松白路对面的工业区，大片的厂房，灰蒙蒙一片。偶尔也有贴着天蓝色马赛克瓷砖的厂房，那就是一道难得的风景——但这不是“广西佬”的目标。他不想和周围的人一样进厂打工谋生，甚至不想留在马山头。他要去市中心，成为一名“关内人”。“他每天 6 点半出门，就为了赶上开往市里的大巴，要不错过

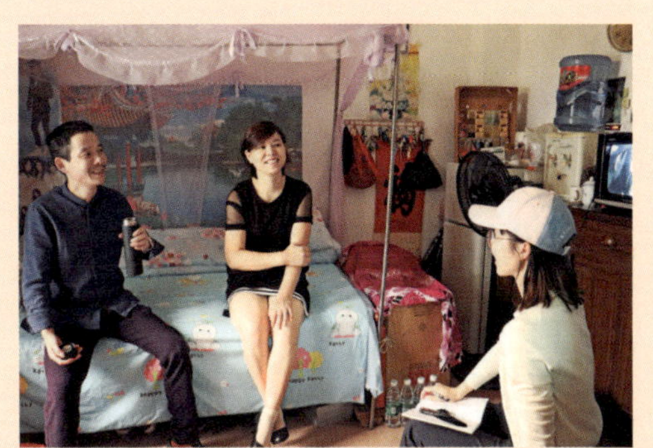

夫妻俩接受采访，回忆旅馆趣事

了就要再等上两个小时。晚上 8 点多才回来，刚好我们正吃饭，叫他吃都不吃，就回房间了。”

当他提出想续住一个月、但房租只能等找到工作后再补交的时候，阿刚和六妹体谅了这位年轻人的囊中羞涩。他仅剩不多的钱要用来果腹、通勤。那时候，30 间房只租出了 4 间，两人心想，房间空着也是空着。

阿刚事后回想，“广西佬”的逃跑破绽很多：早早就回来了，“他说面试了几家，在等结果了……还买了一些橘子分给我们吃，好像要庆祝一样的”；经常出门背个鼓鼓的大背包。一开始，六妹会感到疑惑奇怪，但连续背了一个星期后，也没发现什么异常。

事发的前一天晚上，“广西佬”没有回来，阿刚将锁门的时间从凌晨 3 点延迟到了 4 点半，还不见人。第二天起床，他第一件事就是去房间瞧瞧。行李都搬空了，连被子枕头都卷走了，剩下的是散不去的廉价泡面味，刺鼻又上头，“这得吃了多少泡面”。那段时间，住宿不给钱，赊账、赖账、跑路的……名单可列一长串。

“广西佬”总令阿刚想起自己之前在广东江门新会当沙琪玛厂工人、

一楼作为沿街商铺，旅馆的入口通常设在侧边

二楼的楼梯口处，即是办理入住的窗口，墙上贴着住宿价格

经过房东同意，阿刚在旅馆顶楼种菜种花种甘蔗，一派田园风光

在上海纸箱厂打包装的岁月，奔波劳顿。他去过很多城市，奋斗、打拼，然后离开。来深圳之前，都听大家说，深圳是一个淘金的地方，可以发大财。他不想再打工了，要做老板，干一番事业。

但现在，别说事业了，两年来，“一天就赚个几十块、一百块”，阿刚眼看成本都还没搞回来，客人又越来越少。“我们想，生意不好，是不是卫生搞得不够干净，不够整洁，还是我们接待得不好，不够礼貌。”为了改变，除了每天都大扫除，还把房间的床都换了，又买来梳妆台、衣柜，能添的都添了，共花了两万元。生意确实有所好转，但杯水车薪。

挨到 2008 年，“店里都看不到人的，甭管怎么搞干净”。六妹回忆。彼时旅店紧临的松白路上泥头卡车不再轰轰作响，晚上可以睡一个安稳觉。对面工业区的烟囱好长一段时间没有了动静。楼下综合市场少了很多熟悉的面孔，抢新鲜猪粉肠滚汤煮粥的大妈，不见了；经常光顾的青菜摊，不见了……

时隔多年后，阿刚才了解，那段时间发生了席卷全球的金融危机。

困在当年的危机漩涡里，阿刚也想跑。“那时候觉得，我两公婆还不如去打工，何必这样担惊受怕的，还经常有不法分子出没。”但他还

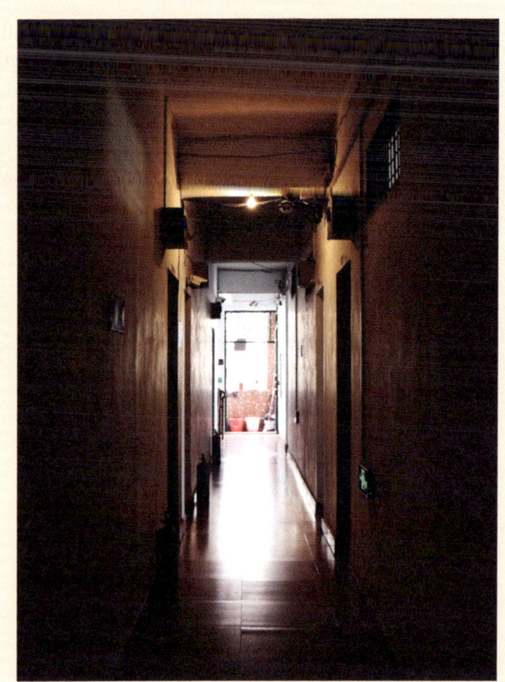

旅馆的走廊，六妹时时擦得锃亮

是不能一走了之。为了减少损失，他希望找到一个接盘人。正好有位老乡有意向，先交了5000元押金，然后来店里观察学习，以便能顺利上手。可就在那天，竟然没有一位顾客上门。老乡反悔了，第二天就跑了——宁可赔了一时押金，不做长期亏本生意。

最后，他们没有“逃跑”成功，因为房东的一场挽留。“房东说，你不要跑，我少收一点你的租金。”就这样，由一个月每间房收租金200元减少至80元，最困难的时候甚至降到50元。这种照顾和优惠，是由夫妻两人平时勤快、爱干净、脾气性格又好的良好印象积累而来的。

房东也不隐藏自己对他俩的欣赏："如果另外找一个人，我可能还看不上，所以还是不要转出去了，我给他们优惠价。"

这场"逃跑"一开始就注定了结局。六妹想起两人商量打算离开深圳的凌晨，睡前她望着在登记台前打瞌睡的丈夫那瘦小的背影，幽幽地说一句："说心里话，我还是最喜欢深圳。"这也许是很多人离开深圳时说不出口的一句话，一说恐怕会哭。在这位当过中山电子厂保安、上海流水线女工的老板娘的心里，离开深圳的人，理想也会埋在这里，等待一批批的后来人来继续浇灌，关于物质，关于欲望，关于梦想，关于美好前景。

深圳就是这样，既是一地鸡毛的迷宫，也是一座活力充沛的理想花园。

旅馆屋内的摆设，简洁朴实

"基地"万花筒

旅馆一街之隔的对面，是光明马山头工业区。它建于20世纪90年代初期，规模逐渐发展壮大，共有七大工业小区。上百栋厂房里挤满了大小不一、数量统计不清的各类工厂：手袋厂、模具厂、玩具厂、印刷厂、制衣厂、电子厂……工厂通常提供住宿。原在模具厂做钳工的刘强回忆，"别厂的宿舍好些，我们住的就是简易工棚，里面有七八张床，脏兮兮的，跳蚤、臭虫，啥都有。"

以马山头综合市场为圆心，周围500米的区域是马山头工业区的大型"配套基地"。城中村握手楼，以及与之配套的无数廉价住宿店、餐饮店、网吧、理发店……生意是明眼人都看得见的。打工出身的阿刚太明白其中的需求，更知晓人流量对生意的影响，这源于姐姐成功经验的参照——

她早来好几年，经营的也是小旅馆，却是老家村子里第一批盖起小洋楼的人。所以，阿刚放弃了另一家租金更便宜，环境更好，但位置也更偏僻得多的旅店，选择租下“芙蓉住宿”。最终，阿刚依托“芙蓉住宿”优越的地理位置，在竞争酷烈的小旅馆行业，谋得了一席之地。

生意在2010年下半年开始好转。一时间，旅店里长租客多了起来。长租客多来自电子厂。电子厂的业务员、技术工，有了女人的老工友，喜欢租住芙蓉旅馆的长租房。长租房房租分摊到每一天，费用更便宜，重要的是有私密的自由空间，做什么都方便。

附近逐渐多起来的，还有一个个工地，商业的、住宅的。有的工地没日没夜赶着工，夜里高灯照得四周亮如白昼，六妹不得不给每一间房都安上了窗帘儿。工人平时多挤睡在工棚里，赶工期时几乎足不出工地。

在城中村内，市场扮演着举足轻重的作用。图为马山头综合市场

楼梯间和天台挂满了租户的衣物，出租的单房，有阳台的价格偏高

阿刚介绍，以前，几栋民房之中，就有一栋被承包经营为旅馆

常来旅店的是几个工地的小头头，他们帮建筑商管理日常事务，横话说得乍呼呼的。他们经常中午过来，开个房间，在屋里高声打扑克，烟雾缭绕，时不时爆出几句脏话。待到下午四五点便退房，旅店楼下已有几位衣着单薄、涂着烈焰口红的女人等候着，相拥离去。六妹一开始看不惯，又欢喜这收入，慢慢也就理解了，“都是挣钱，没有高低”。

每到夜幕，马山头便有数不清的外地人不知从城市的哪个角落钻出来，遍布“基地”，开始各种营生。离旅店 100 米的大路口边，一个黑胖的女人总是懒洋洋地跷腿坐着，前面摊着各种各样透明的文胸带子；一个矮瘦的男人给一篮篮草莓洒水，摆正写着“无农药，绿色水果”的纸牌子；两个小孩低着头坐在地上，请求好心人资助他们 5 元路费回家；

不远处新建起来的酒店，崭新时尚，成为人们住宿的新选择

一位失去双臂和双脚的男子俯身在地上，用嘴咬着粉笔，用力书写着楷书……工业区敲响了下班的响铃，蓝的灰的一群群人嬉笑着过了马路，及地的裤脚、破旧的球鞋蹭掉了一行行遒劲的字体，各自散开，鱼贯般地进入各个快餐店和旅店。

这些年过去了，营生的面孔换了一批又一批。芙蓉旅店依旧像一个万花筒，马山头的生活碎片，各色人等，各色玻璃，就像一朵朵盛开的都市之花。

旅馆情缘

选择长租的，多是两口子，阿刚和六妹早练就了一双火眼金睛，能在微小的细节中，判断俩人究竟是夫妻、男女朋友，还是露水情缘。

据阿刚观察，夫妻多为同乡。往往是两人一起出来深圳打工，孩子留在老家交由老人照看。他们对故乡、亲人的眷恋表达，往往受制诸多，一是少得可怜的休息时间，二是少得可怜的通信方式。当时偏远地方的农村电话座机、手机都还不普及，少有的人家里好不容易给老人家备了手机也教会用了，却因为自己住处屋里信号不好，每回给家里打电话，他们都要跑到楼外，举着一个厚方块国产杂牌机，嘴巴对着吼几句，又赶紧摁到耳边听一听。往往喊不上几句，就匆匆挂了，“话费贵，也没什么话说，无非是吃饭没，问问孩子身体，问问孩子学习”。阿刚说，大家都不会向家里汇报厂里的事。有一次，一个在五金厂的“贵州佬”右手的无名指和小拇指被冲床压断了，事后却夹着电话对家里人说从没受过伤。

2010 年，“眼镜”一家是“芙蓉住宿”唯一的三口之家，他们的宝宝刚刚出生不到 4 个月，“眼镜”妻子在怀孕 8 个月的时候被辞退。“眼镜”来自广东湛江农村，爸妈在家里务农，中专毕业后就被分配到了深圳龙华的工厂。一开始觉得太辛苦，做几个月玩几个月，没攒下什么钱。一次在台球桌边认识了来自广西的妻子。不久妻子怀孕，“眼镜”才定心，跟妻子来到光明，进了妻子隔壁小工厂，做零件。两人结婚还没见过家长，也没仪式，就简单请了几个朋友，在一家大排档，喝了交杯酒。酒还是朋友带来的，100 块的赖茅。此后，“眼镜”再也没舍得喝这么贵的酒。

不是所有打工者都像“眼镜”这般幸运，在择偶与恋爱中享有圆满。2008 年，钳工刘强从眼看要倒闭的工厂出来后，租下了“芙蓉住宿”一楼的一间小商铺，卖些饮料、报刊和廉价香烟，后来报刊销路不好，都不订了，现在都是卖些吃的、喝的、抽的东西。

他一共谈过两次恋爱。第一次是和同厂的湖北妹，他很喜欢对方，追求了半年，对方才答应在一起，但没过 3 个月，两人就分手了。他是钳工，但这把感情的“钳”他掌控不住——对方性格泼辣、强势，他希望找个温柔贤惠的。后来，他又爱上一个按摩会所的年轻技师，是一位海南姑娘，可爱温婉，但独自带着一个孩子生活。刘强内心斗争了很多次，最终还是不顾家里的反对，决定义无反顾爱一场。最后，这个有了孩子的姑娘和一位戴粗金链的顾客好上了，离开了马山头，刘强心都碎了。

阿秀和男朋友的相识，是通过QQ搜一搜“附近的人”。两人见面不久，就一起住到了“芙蓉住宿”。感情倒是稳定，谈婚论嫁也提上了日程。有一天，阿秀下班回来，嘴巴歪咧，说不了话。看了医生，说是挤了脸上三角区的一颗痘引起的面瘫并发症，治疗费用不便宜。那晚男朋友借口下楼买蚊香，没有回旅店，阿秀找到六妹无声流泪。六妹连骂“臭男人”，又可怜那女孩，每天用自己泡的药酒给她搽脸活血，竟慢慢恢复了。阿秀感激她的帮助，还有了新的好男人的标准。在家里，母亲永远对父亲千依百顺，她也是三个哥哥的捉弄对象和出气筒；在外面，任何一个男人的一句关心都可以轻易令她心动。像阿秀这样单纯的女孩六妹见过太多。

爸妈在远方

“眼镜”换到了一个专门生产学习机的电子厂。他曾离开马山头，和老乡去跑滴滴，为此贷款买了一辆二手车。因为无法按时吃饭，也不敢喝水，怕上厕所，一时间身体什么毛病都来了。思来想去，找不到别的出路，重新回到工厂，不过不在车间流水线上了，应聘成了一名主管。

学习机的销路很好，厂里经常加班。“眼镜”下班时总是深夜，远在老家的孩子已经睡下。孩子已经9岁，从照片上看，因累年受日晒和海风吹拂，皮肤黝黑，但大眼睛亮闪闪的。“眼镜”时常感到内疚，自己无法像城市里的父亲一样，为孩子提供稳定的物质条件，连陪在身边的机会都少得可怜。他看了太多留守儿童的成长悲剧，担心孩子在老家不听话，学坏，当初便立誓要自己带在身边。但深圳有着严格的户籍制

近几年，工业区周边的道路建设得愈发宽敞平坦，不变的，是令人垂涎的美食，凭借实惠的价格，吸引着打工者来此改善伙食

度，他没有办法办齐全孩子在深圳的入学证明资料，一种无力感一直萦绕着他：“我是一个失败的爸爸，没有钱，对不起孩子。我不知道怎么说，我只有赚更多钱，才能把孩子早日接过来。”他甚至羡慕网络上广为流传的辅导孩子写作业被逼疯的父母，“我不能辅导他写作业，没有这个机会”。

夜色阑珊，工厂的繁荣带来财富，各种娱乐、休闲文化也随之诞生

为了弥补，他给孩子买了好几部学习机，尤其是学英语的。他观察，城里3岁的娃娃都会说英语，他希望孩子也可

以一样洋气，学精了以后可以找个好工作。内心被担心和焦虑折磨到极致的时候，他甚至想要结束打工，落叶归根。但妻子不肯，“我们在城市，一切也是为了孩子”。

“眼镜”最担心的是孩子的安全。“芙蓉住宿”曾有过一位来寻找儿子的父亲。那位瘦削的男子来自河南，在珠海打工。2岁的儿子被抱走的时候，他正好和一群工友下班回家，远远听见娃娃熟悉的哭声，他惊了，扒开周边攘攘的人群，等闯出去，人贩子不见了，但对方的体型和侧脸令他今生难忘。那些年，他揣着一张仅存的儿子百日宴时的照片，印了几万份寻人启事到处张贴，找遍了广东每一个市区，一边打工，一边寻找。为了匀出更多时间打听，他只找工厂的日结活计，只要听到新的消息，就赶去下一个地方。他是那些丢了孩子、半生都陷在绝望之中的打工父母的缩影——家庭支离破碎，永远深深自责。

“芙蓉住宿”在每年春节后会迎来大批的新租户，而每年暑假，是店里最热闹的时候。不少留守儿童来与父母相聚，尽管父母依旧早出晚归，一家人坐在一起好好吃饭的时间都屈指可数，但最起码的，这两个月里，爸妈不在远方，近在身旁。

再见，老地方

每逢工厂放大假，“芙蓉住宿”的生意就格外好。大假通常是厂里发工资的第二天。遇上难得的休息，马山头的工人都喜欢扎堆到不远处的公明老街——这条不过几百米长的老式街道，成为他们“放风”的好去处。

两侧临街店铺里商品琳琅满目，而他们的轨迹通常固定。先是轧马路，漫无目的地来回晃上几圈，然后钻进“两元店”“十元店”挑一些生活用品，去廉价服装铺挑挑拣拣。如果愿意奢侈一回，还可以去香港茶餐厅吃个烧腊开开荤。最多的还是选择“沙县小吃”，大口吃一碗5块钱的酸菜面。

红花山公园是打工者放假休闲最爱的去处之一

老街焕然一新，车水马龙

如果吃完还不着急回去，他们就在“老地方”马路对面，看似百无聊赖站着，其实眼神专注地瞅着来来往往的人流、形形色色的新奇事物。

“老地方”处在十字路口的黄金位置，那是一个集喝酒、唱歌、蹦迪于一体的娱乐城。每当夜幕降临，娱乐城就开始热闹起来。客人从奔驰、宝马等各种名牌轿车的后座上下来，身穿制服的服务生一边将大门拉开，一边优雅地向客人鞠躬。“老地方”临着大马路，有一溜琉璃窗户，如果幸运，灯光明亮度刚刚好，还能隐约窥见里面的暧昧。长发、短裙、啤酒肚，拥抱、接吻……这些若有若无的剪影看呆了对面蹲坐在一长溜马路牙子和人行道上的他们。

他们中的一个就是刘强。刘强曾在门口看到自己的老板搂着一位穿露背长裙的女人从豪车上下来，相拥走了进去。而他自己从没有进去过，不知道里面的酒与自己爱喝的两块钱一听的有什么区别。刘强也动过进去看看的念头，但碰到门口彬彬有礼的服务生，他就没勇气再往里走。转过身，装作若无其事地瞎溜达一阵，回到"芙蓉住宿"找阿刚扯白，添油加醋地讲述自己在"老地方"门口的见闻，引得趁假期来住店的工友直掉下巴。

没有几个人记得"老地方"到底是什么时候易名易主的，现在的"老地方"已变成一个茶餐厅。从花哨的旋转楼梯的镂空雕花，依稀可以看到当年的风情万种，与此时此刻生活的烟火气显得格外出离。光明发展太快了，马山头也是一天一个面貌。阿刚明显感到，来住宿的人又变少了。听说因为安全、环保等问题，附近许多工厂都搬走了，尤其是"上面冒黑烟的，下面排废水的"。现在最多的是物流公司。货物按照到达目的地分成一条条流水线，一条线好几个快递分拣员，将漫过传送带的、掉在地上的、排山倒海的货物的快递地址翻到上面，摆放好，最后装车，运送。这类工作需要强大的体力，否则承受不住腰和脊椎的劳损，与20年前流水线上的景象似无二致。物流公司的员工在芙蓉旅馆长租房的不多，短租的不少，总是黑白颠倒。街上人忙的时候，他们睡觉，街上人稀的时候，正是他们大忙的时光。

阿刚看出来了，忙忙碌碌的工厂正在远去。"互联网+""共享""创新"等字眼经常从住客们的嘴里冒出来。他不知道自己能不能赶上新的潮流。他的眼里多了一丝游移。阿刚和六妹计划着，看机会把店转出去，回老家，过过安逸的日子。在老家，他们已经用攒下来的50万元建了一栋两层小洋楼，有院子，有菜园。他还想叫上在杭州打拼的儿子一家三口一起回去住。2019 年，孙子出生了，健康壮实，可爱得很，每天都要和阿刚、六妹视频。但阿刚心里清楚，这个年龄的儿孙，属于都市。阿刚和六妹回归乡下的“二人生活”会怎么样，他们自己心里也没底。

喜德盛是浮出水面的冰山，冰
之下，绵延无尽的是尚且看不
见的**本土创业企业集群**，它们
冰凌浮海，**如春笋拱土**，如荷
出水，**冒出头来，只在旦夕之间**

第七章

王牌喜德盛

缘起中华

走出草创的混沌江湖和低层次竞争的沼泽地，来到高附加值品牌竞争的开阔地带的，只能是少数。

印刷行业的宝祥是这样的少数。

体育制品的摩丽斯丹是这样的少数。

自行车领域的喜德盛也是这样的少数。

几个方面不约而同地推荐采访喜德盛，不是偶然的。

喜德盛自行车是光明出品的为数不多的看得见、买得着、用得起的牌子货。

在光明街道上行走，冷不丁就会见到一家喜德盛门店。新潮、洋气，还喜气。蓝底、白字、带红色笔画，店招用色非常大胆。“XDS”三个大写英文字母后面紧跟着“喜德盛”三个汉字，让人知道那就是后面那几个汉字的拼音缩写。跟麦当劳的大写字母“M”一样，招徕的效果很直接、很明显。搜索一下地图，喜德盛的门店地址如星星点灯一样出现在深圳的大街小巷。一家单一品牌的单一产品，能够如此密集地介入一线城市的市民生活，营销功夫是到了家的。如今的制造业是一条条长长的产业链，制造工厂通常只是某个链条上一个个小小的环节。你造了亿万条电脑连接线，那连接线装进了亿万台家用或办公电脑，亿万用户也只知道电脑是谁家生产的，不会想去知道电脑的连接线是谁生产的。华强北电子一条街批发大市场，卖的全是电脑连接线这样的元器件、零配件、中间件，买家不是普通市民，而是需要这些元器件的整机生产厂家的采购商。只

随处可见的喜德盛门店

有临街铺面才会有花样繁多的电脑、手机终端产品供市民挑选、消费。终端零售商品，普通市民才看得见、摸得着、消费得来。喜德盛自行车就是这样的日用消费产品。

1995 年，谭伟龙创办深圳市科信超自行车有限公司

自行车这几年异常火爆，源于“互联网 +”带来的“共享单车”一下子成了民生热词。喜德盛无疑是这波共享经济的获益者。准确地说，不是所有的自行车制造商都从共享单车身上获得了真正的好处，而喜德盛无疑是货真价实的赢家。我们在造访喜德盛之后才知道，共享单车潮把自行车制造商一分为三：拿不到订单的厂家；拿到了订单却没有合理利润甚至被迫垫款生产最后还收不齐货款的厂家；喜德盛是第三种厂家——收到了订单款，利润还不低。

科信超生产的第一辆自行车，命名为“王牌”

自行车是舶来品，中国却曾经是世界上真正的“自行车王国”。改革开放之初，曾有一位到访的西方记者被中国浩浩荡荡的自行车潮惊得目瞪口呆，他发出的电文称中国的自行车潮是“世界第八大奇观”。在那家庭经济捉襟见肘的岁月里，对于大多数中国普通家庭来说，自行车是居家生活的“大件商品”，既必需，也奢侈。

自行车与深圳的改革开放十分有缘。深圳创业史上有一篇《1980 骑着单车过河来》，作者徐明天写道：“在来往香港和深圳的路途中，在深圳路段，李文富的交通工具就是自行车，因为当时香港的汽车还不能开过来。百事可乐就是李文富用自行车驮到深圳的。”彼时，作为深圳经济特区内最普及的交通工具，自行车驮来了世界500强，也驮来了资金、技术和人才。

深圳中华自行车有限公司，还是中国自行车行业的第一家合资企业。1985 年，内地、香港，还有美国合资组建深圳中华自行车厂，主要为国外品牌进行代工生产，以来料加工的方式站稳了脚跟。后来，又陆续将“阿米尼（EMMELLE）”“奇猛（CHIMO）”“大名（DIAMOND

BACK）”等国际品牌引入国内，打开了这些洋品牌在国内的名气和销路。虽然实际上也是做“三来一补”的业务，但是深圳中华自行车厂是不折不扣的合资企业；虽然不生产自己的品牌产品，但是公司生产的国际品牌又洋气、又赚钱，员工待遇好得不得了。深圳中华自行车有限公司作为行业新秀，股改以后于 1992 年 3 月在深圳证券交易所挂牌上市，一度站到了时代的波峰浪尖上。

深圳中华自行车厂云集了当时的行业佼佼者，其中就有喜德盛创始人谭伟龙。

谭伟龙是广东梅州丰顺人，当年通过读书走出了家乡。1983 年，他高中毕业后就读郑州轻工业学院机械制造专业。1987 年，毕业分配到深圳中华自行车厂，他后来的人生遭际和事业机缘便都与这次分配有着莫大的关系。就是在中华自行车厂的那两年，他入了行，并且学到了过硬的自行车制造专业技术，很多人都看好他在厂里的发展前途。1989 年，他被挖到了蛇口另一家合资自行车企业，行业地位上了一个台阶。他在这家公司干了 4 年之后，终于在 20 世纪 90 年代的“下海潮”中，开始了自己的第一次创业。

1993 年，他与人合股创办了深圳市宝安环球自行车厂。1995 年，他来到光明，独资创办了深圳市科信超自行车有限公司，并将公司生产的第一个品牌命名为“王牌”，毫不遮拦地表达了当时的雄心壮志。1995 年，科信超更名为深圳市喜德盛自行车有限公司。“喜德盛”寓意：欢喜（喜）、得到（“德”同“得”）、胜利（“盛”同“胜”），另外一个寓意是以德取胜。

公司最初两年发展很快，谭伟龙学习了“老东家”的品牌代工生产经验，内销与外销齐头并进。通过早期粗放型的发展模式，喜德盛在大浪淘沙中活了下来。

如果故事到此为止，那么喜德盛就成不了我们这一篇章的主角。喜德盛的品牌华章，要到光明合水口才真正开始书写。

自立品牌

通过 4 年的出色经营，喜德盛公司迅速在珠三角自行车行业激烈的竞争中脱颖而出。1999 年，公司搬入了位于公明合水口占地 50 亩的厂区，有了属于自己的土地和厂房。

这次搬迁，是谭伟龙的“王牌”意识再次迸发的结果。多年的市场拼杀，谭伟龙感觉到越来越需要打破“内销以低端车为主，外销主要做高端车”的自身藩篱。他蓄着一股力，他要做品牌，他要做大做强自己的“喜德盛（XDS）”品牌。

谭伟龙是从深圳中华自行车厂开始入行的。他看到，即使是以深圳中华的实力，主要业务也是为国外品牌代工。要与国际品牌竞争，生产出具有竞争力的自主品牌的自行车，太难了。但是，如果一直只做代工，一直只做低端产品，那么中国的自行车行业就难以冲刺产业链的高端，难以获得产业上游的丰厚利润。谭伟龙暗下决心，他要“为中华造车”，造出响当当的中国品牌的自行车，造出 21 世纪的“永久”“飞鸽”和“凤凰”。谭伟龙就是抱着这样的企图心搬到合水口第四工业区、后来的喜德盛工业园来的。2003 年，喜德盛正式确立了 XDS 品牌作为高端产品的战略思路，并制订了一系列品牌营销计划。

虽然彼时光明的制造业蒸蒸日上，但是客观地说，当时自行车行业的势头，对谭伟龙自立品牌门户并不见得有利。进入新千年，街头主角不知不觉变成了汽车，自行车从出行的必需品，到日渐被人淡忘，风光一时的自行车市场显出了疲态，许多省市的自行车龙头企业相继没落，辉煌历史随风散去。

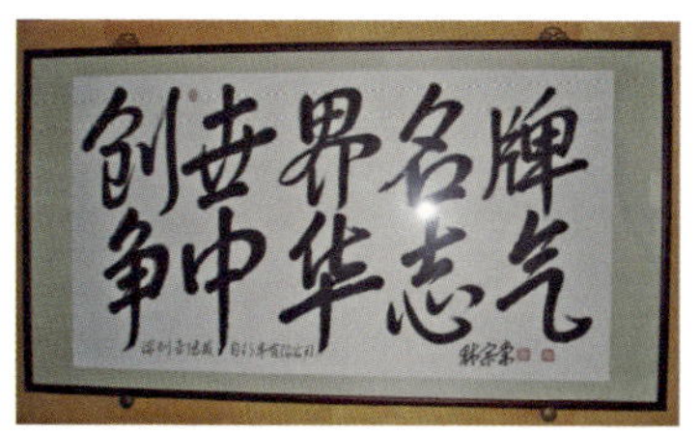

前中国名牌推进委员会主任、中国工业联合会名誉会长林宗棠先生题写的“创世界名牌争中华志气”的牌匾

但是，这位来自丰顺县留隍镇的小伙子对于中国自行车市场的未来前景，仍然深信不疑。他带着研发人员四处考察，陪着制造团队在车间竟日琢磨。谭伟龙不是瞎摸索，在自行车行业摸爬滚打多年的他，已经不是当初那个只懂自行车规格的年轻人了，从欧美的自行车市场发展历程里，他看到了中国自行车市场发展的方向：传统通勤自行车市场萎靡，更便捷的折叠自行车和运动健身高端自行车市场将会爆发。

喜德盛荣获“中华人民共和国成立60周年成就展”轻工展区贡献奖

但是，如何实现产品突破呢？

还得靠技术创新。

技术是谭伟龙的老本行。他铆足了劲，带领技术团攻坚克难，研发的“伸缩自行车”获得“韩国自行车发明奖金奖”和“第33届日内瓦国际发明金奖”，运动自行车曾经作为亚洲极限运动中国代表团指定用车。中国名牌推进委员会主任、中国工业联合会名誉会长林宗棠先生了解和考察喜德盛后，题写了“创世界名牌 争中华志气”的牌匾。

谭伟龙有“王牌”雄心。

除了产品和专利，谭伟龙还在高端材料上的研发和生产上投下重注。首先，他将目光聚焦在碳纤维材料领域，碳纤维作为21世纪的新材料，具有高强度、高弹性模量和低密度的优点，赋予了自行车车体良好的刚

1999 年，科信超公司搬入了位于公明合水口占地 50 亩的厂区，有了属于自己的土地和厂房，并更名为深圳市喜德盛自行车有限公司

性和减震性能，同时可实现轻量化。在全球，碳纤维产品先是只有专业选手、发烧友和一些精英群体等极少数人使用，随着人们生活水平的提高，碳纤维自行车的产量每年都在大幅度增长，市场前景广阔。

碳素纤维虽有种种优势，但有一个缺点，那就是太过昂贵。这正是谭伟龙瞄准的着力点：他要通过技术创新和规模生产来大幅降低碳纤维自行车的成本。为此，谭伟龙决定，再创办碳纤科技公司，主攻研发高端碳纤维材料的应用落地。

2005 年 9 月，喜德盛碳纤科技有限公司成立，厂区位于公明镇玉律村，占地 200 亩。就这样，喜德盛碳纤科技从碳纤维的先进技术、工艺开始研发，3 年后，产品顺利通过了“科学技术奖”成果鉴定。XCF 高性能碳纤维复合材料被国家发展和改革委员会认定为高技术产业化示范工程，现在的喜德盛碳纤工厂一跃成为全球自行车界最大的碳纤维工厂之一，全球顶尖的相关产品都在喜德盛打造，同时喜德盛也推出了一系列高性价比碳纤维的自行车产品，率先推动了碳纤自行车产品的普及。

2009 年，是新中国成立 60 周年，国家发展和改革委员会在北京展览馆举办了“辉煌 60 年——中华人民共和国成立 60 周年成就展”，系统展示了新中国特别是改革开放以来在经济、政治、文化、社会和党的建设等各个领域取得的巨大成就。喜德盛因产品性能卓越，成为自行车行业唯一入选的企业，参展产品“碳纤维公路竞赛车”还被授予“优秀产品”荣誉。

2015 年，喜德盛推出了超轻碳纤维山地车，并用无人机吊起悬在空中，技惊四座，震撼了全球自行车界。

2015 年，喜德盛推出了超轻碳纤维山地车，并用无人机吊起悬在空中，技惊四座，震撼了全球自行车界

走出泥沼

2000年到2008年，是喜德盛移师光明并成功缔造品牌辉煌的时期，也是珠三角制造业盛极而衰的转型时期。当时深圳城市发展面临着人口、土地、资源和环境“四个难以为继”的矛盾。劳动力越来越金贵，土地越来越稀缺，“三来一补”初加工企业赖以生存的两个条件都受到了挑战。2008年，金融风暴席卷全球，出口型企业面临国际市场萎缩的问题，订单大幅下滑，很多工厂没有活儿干，面临倒闭。曾经蓬蓬勃勃的外向型加工企业何去何从？

深圳市喜德盛碳纤科技有限公司

同我们一起采访喜德盛的深商研究学者老亨分析，深圳初加工企业的好光景是从2000年左右慢慢黯淡下来的。从2000年起，深圳最低工资标准逐年递增，从每月500元左右迅速上升到每月1000元左右，2008年以后又加速提升到每月2000元以上。“三来一补”企业普通员工工钱一个月2000多元，包吃包住，还要交“五险一金”等各项费用。菲薄的加工费显然难以承受如此之高的成本。

2007年6月29日，《中华人民共和国劳动法》颁布，建设部等五部委随即印发《关于改善农民工居住条件的指导意见》。2008年11月1日，中国首部促进和谐劳动关系的法规《深圳经济特区和谐劳动关系促进条例》正式施行；2009年，深圳又修正通过《深圳市员工工资条例》，以赚取工缴费为主要盈利方式的“三来一补”企业已经难以为继。

“三来一补”企业不具备法人资格，只是外商生产环节的一部分，所以不能融资，纯粹靠加工收取利润，只收取工缴费，并且也只能外销不能内销，没有研发和设计的环节，生产方式随着时代的发展日渐落后。2008年9月，广东省政府下发了《关于促进加工贸易转型升级的若干意见》，明确提出“到2012年，不具备法人资格的来料加工厂基本完成转型”，“鼓励和支持符合国家产业政策的来料加工厂按照相关规定，就地转型为具有独立法人资格的外商投资企业或其他类型企业”。

事实上，从2008年开始，曾经盛行一时的“三来一补”企业开始谢幕。就像这类企业曾经在香港、台湾等“亚洲四小龙”的兴衰一样，深圳的“三来一补”企业经过30年的枝繁叶茂，终于到了落英缤纷的季节。

危机，危机，危中有机，但是机会只属于有先见之明、有充分准备的企业。在大量廉价劳动力无限供应的情形下，加工业是门好生意，珠三角早期外向型经济绝大多数都是加工业。如果沿着加工这条线索不断向纵深发展，在产业链分工越来越精细的跨国生产合作中，专注于加工制造，也能做大做强，做到别人无可替代，也能在全球产业分工中分得

喜德盛创始人谭伟龙

一杯羹，赢得立足之地。把加工制造做精、做专、做成规模、做得有技术含量，这样的加工企业在今天的珠三角不在少数。富士康就是一个例子。深圳中华自行车厂在某种意义上就是自行车制造领域的“富士康”。光明区公明街道松白公路旁华发路段的欧菲光，也堪称电子制造领域中的佼佼者，以至被业界誉为“小富士康”。可即便是富士康，也面临营业额巨大、利润率却越来越低的窘境。

如果立足加工优势，独立开发产品，自创品牌，则是另外一番景象。喜德盛就是走的这条路。喜德盛在 1999 年珠三角加工业的鼎盛时期，就意识到打造自主品牌的重要性，果断进驻光明，做市场调研、做产品研发、不断取得技术创新，终于在 2008 年世界金融危机到来之前，修成品牌正果，稳居行业高地。

品牌之于企业，具有生命线般的重要作用。最为人们津津乐道的故事，便是可口可乐公司创办人阿萨·G·坎德勒曾经放出豪言："即使我的企业一夜之间烧光，只要我的品牌还在，我就马上能恢复生产。"

品牌不仅有再造企业之功，更是产品附加值大幅提升的"法宝"。众所周知，即便是看起来外观、质量一样的商品，知名品牌与杂牌货，价格也可能要差上几倍甚至几十倍。品牌是企业的核心竞争力，是企业的无形资产。没有品牌的企业，只能沦为代工工厂，有品牌的企业则可能坐享高额利润。

深圳企业的品牌觉醒正是始于"三来一补"企业的渐趋衰微。2003年，"深圳知名品牌"开始首次评选。2010年，开始举办"深圳老字号"评选。2014年5月10日，习近平总书记明确指出："推动中国制造向中国创造转变，中国速度向中国质量转变，中国产品向中国品牌转变。"2017年4月24日，国务院正式发文，将每年5月10日设立为"中国品牌日"。这标志着中国的世界工厂全面进入品牌时代。这时候的喜德盛品牌早已经羽翼丰满，并且开始誉满全球了。

造一场吹不尽的风

喜德盛总部落地光明楼村

喜德盛经过15年的高速发展，原来的厂区已经不能满足产能扩大的需求。2010年3月，喜德盛再一次乔迁，搬到了位于光明楼村的喜德盛工业园，这里占地300亩，成为喜德盛公司的总部。为将公司的主打产品铝合金自行车做大做精，喜德盛联合中南大学发明了X6超轻型铝合金材料，并将产业链延伸到上游的材料深加工，从熔铝、挤型、锻造、冲压到零部件的生产，具备完备的自行车产业链自制能力，年产能扩充至500万辆，喜德盛正式进入中国自行车行业的“巨头俱乐部”。

2010 年 3 月，喜德盛再一次乔迁，搬到了位于光明楼村的喜德盛工业园，这里占地 300 亩，成为了喜德盛公司的总部。

喜德盛总部落地光明楼村后，工业园区后山有一大片荔枝园。谭伟龙通过与相关部门商议，在荔枝园依地形地势自建赛道。按 UCI 国际标准，聘请中国台湾专业设计师，历时一年，倾力投入，建立起了一座占地 12 万平方米的中国首座国际自行车大型训练基地，设有符合 UCI（国际自行车联盟）标准的专业级山地车赛道，创下了企业自建 UCI 国际标准赛道的先河。在训练基地里，可测试产品、可教学、可训练、可举办赛事活动，也可休闲运动。

喜德盛国际自行车训练基地鸟瞰图

为了让广大自行车厂商和用户参与进来，基地长期免费直接对外开放。此后经常举办一些赛事活动，一场场山地车国际锦标赛、极限自行车超级越野赛、四人土坡竞速（4X）赛、泥地跳跃比赛、速降赛等专业自行车赛事便有了最佳赛场。

从商人的角度，谭伟龙很清楚，自行车不是快消品。赛事有如一场风，这场风对目前的自行车销售并不一定就会有立竿见影的效果，但旷日持久地吹，岁月必有回响。因为，人人都想在车水马龙里，找到一丝惬意、自由和随心，如果有心，绝非奢梦。

谭伟龙清醒地认识到，要让喜德盛品牌风行世界，就要坚定地造“一场吹不尽的风”——推广骑行文化。

风从 2005 年吹起。当时，面对动荡不定的市场，参考国际自行车发展历史和文化，谭伟龙越来越坚信自己还在中华自行车厂和亚洲自行车厂工作时就开始萌生的判断：自行车不仅是一种交通工具，还是一种休闲文化。汽车、轨道交通，可能会影响自行车作为现代人日常交通工具

全球首个企业自建 UCI 国际标准山地车赛道

赛道分为入门级、中级和高级赛段

的必需品，但是休闲自行车则完全可以迎合都市人贴近自然、放松身心的巨大需求。作为日常代步工具的自行车，要经济实用、性价比高；作为休闲方式的自行车，则要求美观、新奇、技术含量高，价格反倒是其次的考虑。推广骑行文化，推介高档次的休闲自行车，喜德盛开始御风而行。

骑行活动，在喜德盛公司年复一年的组织下，蔚然成风，影响渐大。2009 年，喜德盛组织环海南岛骑行之旅，历时 7 天完成 768 公里；2010 年，举办了“低碳行动，骑行中国”活动，从北京出发，历时 7 天经过 9 个省市，骑行路程达 4500 多公里，新闻媒体争相报道。

2010 年，一场颇受瞩目的骑行之风，吹遍深圳。在第 26 届世界大学生运动会倒计时 500 天之际，一位叫周子迁的深圳青年设计师走进了大众的关注视野。他在春天孤身上路，开始了单人单车环中国骑行，沿途宣传绿色大运。他的行程近 30000 公里，成为 2011 年大运会开幕式圣火传递的首棒火炬手，一度成为盛世佳话。

2009 年，喜德盛组织环海南岛骑行之旅，历时 7 天完成 768 公里

2010 年，喜德盛协助中国自行车行业协会举办了“低碳行动，骑行中国”活动

谭伟龙由衷感受到，中国人骨子里对骑行单纯朴素的渴望，有可能成为改变社会生活的一种力量——可以用低碳环保对抗交通拥堵，用潇洒自由抵御早九晚五。自行车不再只是一堆冰冷铜铁，而是可以有精神与意义的。2011 年，谭伟龙和妻子一起骑游欧洲博登湖，他在单车轮上，享受到了绝美风景，至今难忘。

随着科技和新型材料的发展，自行车的样态愈加丰富，轴承驱动可代替链条，实心的轮胎可不用打气，在谭伟龙眼里，骑行的美好却不会变。他时常想起自己在台湾的所见，“路上经常可以见到不同的骑行车队，骑行已经成为一种上至高官下至老百姓的风尚”。从此，喜德盛开始不遗余力推广骑行文化，包括成立深圳喜德盛洲际车队；赞助和举办各类赛事……

风，起于青萍之末，和煦轻柔，却有可能意外地形成超级飓风，卷起惊天巨浪。

让自行车回归城市，也许是谭伟龙最初的期待所在。不料，这句话却成了摩拜单车的口号，引发了中国共享单车的风潮。

2016 年夏末，共享单车吸引了所有人的眼光，“互联网 +”“共享经济”等相关热词和话题层出不穷，疲软许久的市场一下子振奋了。

2016 年年底，摩拜单车找上门来，希望能在喜德盛代工生产。谭伟龙经过谨慎思考，接下了订单。没有人知道，最早将共享单车引入市民生活的摩拜，和最先引爆共享单车市场的 ofo，究竟哪一个能在这场疯狂的竞技赛中跑到最后，也没有人知道，谭伟龙是如何比较二者，并做出决定的。

这场选择和被选择，都不容易。共享单车偏好实力强劲的工厂，以大订单的直接方式快速分化厂商，会加快行业的调整。喜德盛凭借多年为美国的 TREK、GT、Easton，法国的 LOOK、La Pierre、MBK，德国的 Stevens，荷兰的 Koga 和西班牙的 BH 等世界知名品牌代工生产车架

一年一度的喜德盛国际自行车训练基地年度总决赛

喜德盛不遗余力推广骑行文化

第七届中国·梅州丰顺“喜德盛杯”国际自行车邀请赛

的经验，才能被对方列入合作范围。在某种程度来说，这是对其优秀的中高端自行车代工水平的肯定。

订单很多，生产一度跟不上了。面对客户催货，谭伟龙新建了 12 条生产线，扩大生产，又购买了近百台自动焊接设备，工厂满负荷地运转。他的脑子也负荷不小：“共享单车对行业有好有坏，好的就是带来订单，养活企业，还让自行车重回民众生活，整个社会都在讨论自行车，也推进政府的道路规划建设，这些都是自行车企业一直想做的事情。不好的地方就是直接冲击市场，特别是低端车，短痛免不了。”

共享单车真像是一阵风，迅速刮起，又转瞬即逝，2017 年 6 月，共享单车的订单大幅下滑。2018 年，共享单车因逆行占道、乱停乱放、人为破坏和无序竞争等原因，从香饽饽变成了烫手山芋。ofo 因资金链断裂，创始人出走，1600 万人排队退押金，不少签约厂商因此受到波及。凤凰自行车厂为此将 ofo 告上法庭。在这一波大起大落的大风大浪中，喜德盛全身而退。

王者荣耀

走进喜德盛楼村工业园，花木成景，绿荫如盖。给人印象最深刻的不是示范车间，不是办公大楼，而是喜德盛自行车博物馆。

2013 年，在第九届文博会上，光明区出现了一个独特的分会场——喜德盛分会场。

这个中国唯一一个国家级、国际化、综合性的文化产业博览交易会，作为一张亮丽名片，推动了深圳光明区文化创意产业快速发展，但在此之前，没有人大胆将自行车与文博会以文化串联在一起。谭伟龙把喜德盛自行车博物馆做成了文博会分会场、自行车主题文化专场，永久地向访客和合作伙伴开放。

谭伟龙眼中的喜德盛，本就不应该只是一间纯粹的造车工厂。喜德盛要造好车，更要孵化和传扬骑行文化。他借鉴霸州自行车博物馆，为中国的自行车历史再添一座文化标志性博物馆。作为全球首个企业自建自行车博物馆，喜德盛自行车博物馆设了五大功能展区，既有自行车的发展历史，有各大事迹和重要节点，也有喜德盛自己的轨迹历程，技术的更新、产品的迭代。

某种意义上，霸州自行车博物馆藏品多，收藏了享誉海内外的英国产白金人、三枪等著名自行车，是不可多得的历史宝藏。但谭伟龙坚持，“历史不应该是冷冰冰锁进柜子的”，喜德盛自行车博物馆更关注当下，要有互动交流。

因此，喜德盛自行车博物馆有高科技 3D 全息影像视觉，供家庭亲

喜德盛国际休闲文化创意产业园多次作为文博会分会场

喜德盛国际休闲文化博物馆内琳琅满目的自行车

子参观互动；有虚拟现实体验区，可感受自行车的性能；有后山对外开放的专业自行车赛道，适宜欣赏高难度的专业车技秀，对于儿童低龄群体，还提供滑步车赛道。

经济增速趋缓，昙花一现的共享单车浪潮，都没有使谭伟龙停下举办文博会自行车文化节的脚步，“尽管大家都在说近年行业不景气，但是一个行业的进步是需要大家共同努力的”。谭伟龙相信，自行车是相当传统的通行方式，是连续几代中国人的国民记忆，企业家要做的，除了研发更好的产品，就是用润物无声的文化，激发起国民背后都深藏着的对自行车的热爱和温暖记忆。

2015 年，喜德盛成立 20 周年之际，谭伟龙开始筹建惠州工厂，包括材料、零部件、自行车及电动车生产厂区。喜德盛惠州工厂已于 2018 年开始投产。

快速的发展并没让谭伟龙停下脚步，他又将目光聚焦在镁合金材料上，镁的比重大约是铝的 2/3，是铁的 1/4，镁合金材料压铸强度高，弹性模量大，散热好，消震性好，承受冲击载荷能力比铝合金大，耐有机物和碱的腐蚀性能好，已经广泛应用于航天和汽车工业。虽然有这么多优点，但由于镁合金零部件加工难度较大，仍有很多课题亟待突破，因此大范围产业化难度也很大。谭伟龙坚定地看好镁合金材料对于自行车行业的推动作用，他在 2018 年创办了中镁科技有限公司，2019 年开始投产。

喜德盛惠州工厂

中镁科技有限公司

喜德盛柬埔寨子公司

扎根光明 20 多年，谭伟龙取得了巨大的成就。今天的喜德盛，已经是集自行车材料、研发、制造、销售、服务于一体的深圳光明大型本土集团化企业。除了自行车生产厂区和镁合金新材料、碳纤维新材料工厂，喜德盛还布局了纸厂等配套公司。为了推进公司国际化发展战略，抢抓国家“一带一路”发展机遇，喜德盛还在柬埔寨设立子公司。未来深圳光明喜德盛总部只做高端的自行车、电动车及核心零部件，同时成立研究院，专注新材料、新工艺、新产品的研发。

走出喜德盛公司，我们将喜德盛放在光明一系列知名企业中作了比较。在光明诸多知名企业中，要么是世界 500 强的跨国公司子公司，要么是本地上市公司的分公司，真正从“三来一补”加工企业转型升级、从本土创业的民营企业成长起来的明星还不多，还没有冒出头来。维珍妮，算是港资企业，从“三来一补”起家，成功晋级为内衣行业的专业制造商。得润电子，算是深圳民营企业，也从“三来一补”起步，成功上市，登堂入室。这两家品牌企业都算与光明关系密切，进入光明也比较早。其他企业，除晨光乳业以外，都是功成名就以后迁入光明的企业，算不得光明本土创业成功的企业。光明本土的“三来一补”企业起步较晚，到20世纪90年代后期才初具规模、形成气候，真正自创品牌、独立运营就是更晚的事情了。这类企业目前还在成名初期，还在等候上市机会，所以，光明明星企业的名单里，通常看不到它们。但是这些企业的发展后劲，不可小觑。

境外企业，从进入中国内地的第一天开始，就是一个带着耀眼光环的时髦概念，它代表了现代、财富、规范和国际化，它曾经充满神秘和令人向往；而许多赫赫有名的外企也一度是中国企业未来发展的样板和楷模，而众多外企也确实以作风务实、理念先进、产品质优、服务高效等成为中国改革开放时代的一道亮丽风景。

但是，2001年中国加入WTO以后，开始履行入世诺言，中国纳入经济全球化的进程加快，中国的经济体制逐渐与国际接轨。原先，为了招商引资，内资企业上缴的税收占总收入的33%，跨国公司上缴税额只占约17%，内外资企业不在同一起跑线上。现在，完全的两税合一、严格的环保政策、完善的质量标准、规范的人力资源管理、合法的劳资关系以及“以市场换技术”等引进政策的重新定位，都预示着中国的市场经济已经且正在进入一个崭新的时期。对于在中国改革开放初期享有“超国民待遇”的境外企业而言，它们的身份将逐渐与中国的民企、国企等趋于一致，拥有同样的权利和承担同样的义务，实现公平竞争。从“十一五”开始，中国实际境外企业直接投资（FDI）的流入速度开始放缓，境外企业的“黄金时代”结束。境外企业在“白银时代”“青铜时代”还能有多大竞争力，就不好说了。

与此同时，中国民营企业开始艰苦创业。民营企业家更能吃苦、更敢于创新。随着本土民营企业自主创新能力的不断提高，民营企业不断攻城略地，国外投资企业的生存空间进一步被挤压。一方面，境外企业迎来“黑铁时代”，另一方面，民营企业的经验和信心不断增长，正迎来做强做大的大好时机。

目前在光明的境外企业，要么兵败身退，收摊走人；要么还是中规中矩，按部就班地持续经营。想方设法、破釜沉舟地创新的开拓型企业比较少。本土民营企业则比较低调，精打细算，但是不放过任何创新机会。严格的环保政策、完善的质量标准、规范的人力资源管理、合法的劳资关系、频繁的消防安全督查、高涨的土地成本、变化多端的产业链条，带给民营企业的压力一点都不轻。但是这些民营企业家，有更强的韧性、适应性。民营企业家更愿意开动脑筋，以变应变。他们在节约成本、更新技术、跟踪创新潮流、绑定行业龙头企业等方面屡有杰出表现。这次采访组将喜德盛自行车公司作为光明本土创业的民营企业的调查样本，做了一番了解和分析，我们发现：深圳自行车行业的源头不是喜德盛，深圳自行车行业聚集基地也没有规划到光明，但是喜德盛从 20 世纪 90 年代中后期开始在光明扎根创业，逐渐崛起成为中国自行车行业的头部企业，使光明成为事实上的自行车行业资源聚集地，这或许能够说明——中国本土创业企业是可以后发先至、化蛹成蝶的。喜德盛是浮出水面的冰山，冰山之下，绵延无尽的是尚且看不真切的本土创业企业集群。

2018 年 9 月 19 日，**光明区揭牌**

立，开启了建设新光明、开创

未来的历史新征程。

第八章

时间谷里访伯尼

说完自行车的故事，再说说手表的故事，我们光明工厂的故事或许这样才算圆满。

自行车、手表、缝纫机，曾经是中国人生活中的“三大件”，恋爱结婚，幸福家庭，这三样东西少不得。

自行车是舶来品，手表也是洋人带来的稀罕物。虽然利玛窦到中国的时候就带来了自鸣钟，中国的钟表工业却几经周折，很晚才发展起来。手表制造，曾经体现了人类最精密的工艺，代表着欧洲工匠积累数个世纪的经验和智慧。直至 1955 年，天津制造出“五星牌”手表，才打破了新中国自己没有能力生产、只能依赖进口的落后局面。

天津与上海，这两座城市曾分别代表了中国大陆钟表制造的南北中心。深圳是后来者居上，得益于改革开放的机缘才成为全国最大的钟表生产基地，钟表产量占了全球的 40%，占全国钟表出口的六成以上，钟表零配件代工厂数量多达 2300 多家。

中国台湾曾是众多瑞士品牌钟表较早的代工地，凭借精湛的加工工艺、多样的手表零配件，获得客户青睐。同样，与深圳一河之隔的香港，也算是手表代工的集聚地。依仗着绝对的地理优势和人力资源，香港钟表业也曾经蓬蓬勃勃。但传统的钟表加工也属于劳动密集型工业，一旦人工成本上升，产业转移就无法避免。深圳经济特区对外开放之后，香港和台湾的钟表业纷纷向深圳迁徙，这便是深圳钟表制造业崛起的大背景。

我们来到位于公明南环大道北面的深圳市钟表产业集聚基地，走访进驻该基地的首家企业——深圳市伯尼实业有限公司。公司董事长朱福增、总经理赵年真夫妇俩热情地接待了我们，给我们讲述了他们因钟表而与众不同的人生。

深圳“表”印象

1989 年 2 月 28 日，刚下火车的朱福增站在车站大门前，身体疲惫但精神兴奋，自己终于来到了传说中的深圳经济特区。这位刚从上海交通大学工业管理专业毕业的小伙子四处打量，一眼就看到了悬挂着的大屏广告：蓝色的幕布扯开一角，露出了一个美女的眼睛，广告语写的是“挡不住的诱惑——天霸表”。天霸表，是深圳钟表行业的第一个自有品牌，在诞生当年，就创造出了中国第一块石英表，并引发了前所未有的抢购潮，是改革开放初期中国钟表业的标志性品牌。

深圳市伯尼实业有限公司董事长朱福增（右）、总经理赵年真（左）

彼时，朱福增要就职的单位，与钟表毫无瓜葛，但他认识火遍全国的天霸表，更清楚其“敢为天下先”的品牌理念。这令他再次想起了自己母校的党委书记邓旭初，这位管理高校的著名改革家，也是敢为天下先，为校园营造开放创新的氛围。朱福增来到深圳，感到如在母校，如归故里，与特区精神一拍即合。

然而，朱福增的“深圳路”一开始并不顺利。他被分配在国家航天部第五研究院，即中国空间技术研究院的制造工厂里，管车间，生产电子产品，如红外报警装置等。初时还好，可由于后来西方对中国禁运，巴黎统筹委员会封杀对华高科技出口，国内经济态势整体下行，技术类军工类产品尤其萧条，朱福增所在单位经济很不景气。两三年下来，没有积蓄，无事可做，朱福增开始恐慌。“那个时候，我们年轻人，你总是想做事，对吧？我可以不计较报酬高低，但是我要有事情做，我要能学到东西。”

朱福增讲述艰苦创业历程，风趣励志

赵年真介绍公司发展脉络，思路清晰

1992 年，邓小平同志视察南方，回应中国改革的诸多争论和质疑：“改革开放胆子要大一些，敢于试验，不能像小脚女人一样。看准了的，就大胆地试，大胆地闯。深圳的重要经验就是敢闯。没有一点闯的精神，没有一点‘冒’的精神，没有一股气呀、劲呀，就走不出一条好路，走不出一条新路，就干不出新的事业。”[1] 朱福增听后，立即辞职，与几个同学合伙，开始下海。“那个时候也不懂，反正是觉得不能这样下去，自己要做点事。”

就在 1992 年，有一位名叫赵年真的小姑娘来到深圳。这位来自中南

[1] 在武昌、深圳、珠海、上海等地的谈话要点 [M]// 邓小平 . 邓小平文选：第三卷 [M]. 北京：人民出版社，1993：372.

采访人员与赵年真（左二）的合影

财经大学的优秀毕业生，舍弃了老家武汉市文化局的分配指标，坚信凭借自己的才华，可以在深圳做出更好的成绩。

信念归信念，现实很坚硬。赵年真找工作时，深圳给她迎头泼了一盆子冷水。因为担心遇到黑工厂、潜规则，赵年真只敢找处于特区内的公司，但熬了整整 10 天，她都没能如愿在人头涌动的华强北人才市场找到一席职位。“我感到了挫败感。从大学读书时那种高高在上、被众人追随的女王范儿，一下子跌到了谷底，被别人挑挑拣拣，完了别人还不给你任何回应。天天在盼望中失望，在失望中盼望。”

她开始在心里打起了退堂鼓，但看到在南玻集团做机械工程师的哥哥，和在模具厂做财务的嫂子，又无比羡慕，若就此罢手，她心有不甘。转机出现了。赵年真偶然在报纸上看到了茂林怀表的招聘启事。一查，公司地址在罗湖莲塘，细看，招的是财务主管。初出茅庐的赵年真没有任何工作经验，但凭借伶牙俐齿和硬着头皮豁出去的劲头，她去应聘了，并且竟然成功了。

情定伯尔尼

入职后，赵年真除了处理财务事务，还像办公室主任、老板助理一样，需要协助处理公司工商、税务、海关等各种应急问题，甚至还要去车间加班。当时是深圳钟表业如火如荼的时代。一方面，昂贵的进口表作为真正的奢侈品来到中国；另一方面，毗邻香港这一世界钟表主要集散地的地缘、信息、资金、市场资源优势，吸引了大量境外资金大规模来深设厂，进口零件、组装廉价的石英表、加工普通表。

茂林怀表堪称东南亚最大的怀表厂，老板是加拿大籍的香港人。20世纪90年代，罗湖莲塘周边，包括东门街巷，汇聚了数不清的大小不一的钟表工厂，包括已经极具规模和气候的时运达。茂林怀表也来到了莲塘，加入了这一深圳表业“大合唱”。茂林怀表来深圳，是为了寻求更加广阔的利润空间。对于如何占领市场，茂林怀表的老板不走寻常路，营销上很有一套。1993年，茂林怀表精心打造了一款很特别的纪念怀表。一投入市场，就大受欢迎。已经淡出人们生活许久的怀表，成了香饽饽，顾客争相抢购茂林纪念表，一时盛况空前。

此时的朱福增，正在从事电子通信类产品的贸易，也在寻找着介入实业的项目。辞离原单位后，朱福增时不时地回到原来工作的地方，找老同事们叙旧。而茂林怀表公司，就在那一栋厂房楼上，并且与朱福增原来的国营单位合作，成立了能够依法享受税收“两免三减半”的合资公司。在这过程中，朱福增得以了解如日中天的钟表业，也认识了能干的赵年真。

朱福增赵年真伉俪分享公司发展愿景

1995 年，这对情投意合的新人喜结连理。跟他们连在一起的，还有钟表。

所谓无知者无畏，通过对茂林怀表的接触，两人感觉手表厂的生意好，工艺相对简单，投资成本低，本以为不需要多少钱就可以创业，于是决定在这一行放手一搏，大干一场。

两人立志做最好的手表。对标“表都”——欧洲瑞士伯尔尼，他们为自己的手表取名“伯尔尼”。赵年真还在心中早早将广告语都想好了：“伯尔尼表，款款源自钟表之都”。但等到注册商标时，才发现，“伯尔尼”作为地名，是不可以注册的，只好谐音改为“BERNY（伯尼）”。

万事开头难

创建手表厂时，除了赵年真在茂林怀表有二三年的工作经历，对怀表制造略有了解之外，夫妻俩再也没有任何行业背景，根本不懂手表产品的任何专业知识，对生产和销售，更是一窍不通。原以为成表制造只不过是简单的装配，殊不知每一个生产环节都有着严格的工艺。“一旦真正实操，才知道手表这个行业天花板太多，不好干，真的不好干，掉坑里去了。”朱福增 1995 年 3 月份开始筹划，直到 6 月才拿到执照。公司最早开在南山桂庙新村，招了一二十个工人，做成表装配。手表装配好后，就拿到批发市场销售。

1995 年到 1997 年，是伯尼的创业初期。如同初生的婴儿一样，伯尼在技术工艺上蹒跚学步，滚爬摸打；在市场开拓上牙牙学语，不断摸索。同时期，日本、瑞士等钟表大国的企业集团，凭借先进的制造技术和科技优势，在中国进行大规模的低成本扩张，致使国内相当一部分生产企业出现了产品售价和生产成本倒挂的状况，迫使部分企业走向倒闭或转产。

而深圳的钟表业在此番历练中，重新进行市场定位，也已经发展成为集配件加工、成品组装、市场营销于一体的优势产业，深圳及其周边地区成为全球最大的钟表制造基地。在国内，以天霸、飞亚达、蓝宝石、天王等为代表的知名深圳钟表品牌，相继涌现，享誉四方。

伯尼也亟需打一场翻身仗。作为一个初创品牌，伯尼还没有品牌知名度，不能形成竞争优势，销售难以实现突破。从投入产品制造到实现

伯尼表，简约而不简单

销售，资金周转缓慢，工厂面临资金匮乏的巨大煎熬。

朱福增心里很清楚产品品牌的重要性，以及伯尼当前的量级，“如果我硬跟别人竞争，那我争不过。走差异化、与众不同的路子，这样我竞争压力会小一点”。终于，在 1998 年，他找到了这个差异做跳字表。这种从 20 世纪 60 年代就已风靡的手表，以新的美学推翻了以往陈旧的传统设计，非常迎合当时装饰艺术风行的潮流，又能在手机还不普及时，为年轻人的运动提供计时功能，并且国内暂时鲜有人做。朱福增进一步分析：价格上，比较便宜；工艺上，相对简单；大环境层面，与之关联的配套厂很早就形成了完整产业链。天时，地利，人和，都有了，伯尼跳字表出厂了。售价 100 元，是消费者够得着的水平。没想到，一下子火了，还一口气火了好几年。不但普通消费者喜欢，大企业还批量下订单，预交货款。

就靠这一仗，伯尼咸鱼翻身，活了。

2014年2月24日，伯尼接待瑞士钟表行业代表参观团

伯尼表在市场俏销时，朱福增想起了他刚到深圳，一出火车站就看到的那幅钟表广告："敢为天下先"。他觉得，伯尼跳字表设计风格上有些与众不同，但技术上谈不上先进，都是成熟技术。要想抢占先机，赢得最大市场份额，就必须大胆出击，大做广告，一剑封喉。

朱福增一改低调的风格，频频出手。

一开始，伯尼表就"赖上了"央视广告。从2000年开始，在央视连续投放了4年广告。后来又冠名赞助《幸运52》《金苹果》等电视节目，还登上了诸多运动杂志的版面。效果显而易见。2002年，朱福增在贵阳到昆明的火车的一个车厢里面，就看到了五六个人戴伯尼表，“那时候是非常兴奋的，这个比例很高，因为一个车厢也就100人不到”。

广告带来了订单。安踏的老板曾在飞机杂志上看到了伯尼表广告，因觉得契合其运动球鞋，便下了七八百万元的订单，来配合鞋子做促销活动。康佳也曾订了一批手表作为礼品，来推广当时它新推出的镜面电视。

广告之于伯尼表，是以小博大的杠杆投资。朱福增和赵年真伉俪二人，绞尽脑汁，扩大广告效果，平衡广告风险。他们通过人脉关系，多以货物交换广告，尽量花最小的代价推动广告营销，宝贵资金的一分一毫都要花在刀刃上。没想到，当伯尼表随广告走进大众视野的时候，却惹来了一场突如其来并且旷日持久的国际官司。

2001年，日本著名品牌卡西欧告伯尼涉嫌侵犯其SPORTS、SHORT等商标。其实，商品的类别、用途、性能，被用于注册商标，这是不合理的，卡西欧的这些注册商标对同行业造成了不公平竞争。朱福增在应诉案件的时候，也开始学习商标法实施细则，并向国家商标局商标评审委员会提出来SPORT等商标注册不当的请求。案件历时6年，直到2007年，经过严苛的商标复审，伯尼的请求获得支持，SPORT商标被宣告无效。当时，曾有媒体点评：“（伯尼表）用法律的武器捍卫了民族品牌的权利，用一个企业的力量为一个行业的公平抗争。”

这场与市场较高覆盖率伴随而来的压力和考验，令伯尼表迅速成长，更为从容地面对环境变化。2003年，一场“非典”由珠三角迅速扩散至全国。国内商场人烟稀少，生意惨淡。福祸相依兮，相对利好的是，伯尼表正赶上了中国制造业出口浪潮的黄金时期。伯尼表将市场重心真正转向国外，推广品牌。就在2003年，伯尼表接到来自德国客户的一个大订单，价值千万元，首战告捷。

不过，远征中东却不太顺利。伯尼表通过在阿联酋设立专门的点，

伯尼参与钟表行业会议

以分销商形式做百货店铺销售。总体而言，单价低，销售额不多，维修等售后服务压力很大……遇到了重重阻力。

随后，朱福增调整战略。他发现俄罗斯市场容量大，利润水平不错，相对中东市场来说，更有吸引力。从2005年开始，朱福增和赵年真连续参加“莫斯科钟表展”——参加展会，是开拓国外市场最直接有效的方法。两人发现，与俄罗斯人做生意，最大的障碍居然是语言问题。两人开始学习俄罗斯语言，“俄语太难学了，最苦恼的是，深圳不像北方，找一个精通俄罗斯语言的人都很难”。就着买来的磁带和书，两人刻苦自学，最终收获了一批订单和客户。

“与老外做生意，实力很重要。”朱福增明白，产品的附加值在于不断提高的技术水平和科技含量。时间在不停加班、赶货中度过了，品牌塑造与代工制造，比翼齐飞。

伯尼表在国际市场上开始畅销。在“中国制造”出口海外的黄金岁月里，伯尼与大多数其他的中国制造企业一样，将中国制造的产品输往世界各地。

钟表业“聚变”

就在伯尼表长驱直入、远征海外的时候，国内的制造业、深圳的钟表业形势变了。

2003 年 10 月 29 日，深圳市政府出台了《关于支持发展产业集聚基地的若干意见》，计划用 5 年时间，陆续建成家具、钟表、模具、服装、工艺礼品、内衣、玩具、印刷、珠宝、精细化工、汽车电子、装备工业等产业集聚基地。随后，深圳市政府还特别建立了产业集聚基地建设联席会议制度，产业集聚基地的概念，开始正式纳入深圳的产业发展布局。根据《深圳市产业集聚基地认定标准》和《深圳市产业集聚基地认定程序》，最先认定的是服装、钟表、模具、内衣、黄金珠宝、家具六个产业集聚基地。这六大基地，除了深圳家具产业集聚基地选址龙岗坑梓镇金沙村、深圳服装产业集聚基地选址宝安区龙华镇大浪村、深圳黄金珠宝产业集聚基地选址罗湖水贝，其余三个集聚基地都坐落在光明。

深圳内衣产业集聚基地位于光明区公明街道办，选址茨田埔、合水口村。内衣集聚基地投资约 6 亿元，入园企业包括维珍妮、益德、雪仙丽、盛晖等内衣厂。未来，内衣产业集聚基地可以升级为时尚产业总部基地，引进国际时尚总部企业、国内引领时尚总部企业及创意工作室，打造全新的时尚产业链条。

深圳模具产业集聚基地选址光明区公明街道玉律、田寮村，首批入驻的模具企业有：亿和精密、海翔铭实业、聚汇模具、兆恒抚顺、铭锋达实业、新豪方模具、晔明模具、普力斯科等。基地借鉴台湾模具园、

2011 年 3 月 9 日，钟表产业基地首批入园企业奠基

钟表产业基地“宝时捷表”大厦

台湾新竹高科技园，迅速崛起成为深圳市模具产业高地。

深圳钟表产业集聚基地原来选址盐田北山工业区，后因征地等多种原因耽搁。2006 年，地址改到光明区公明街道中心区南部，又名“时间谷”，总规划面积 114 万平方米，包括研发设计、毛坯模具、精密制造、装配检测、市场品牌营销的完善的产业链，涵盖机芯制造、技术研发、产品设计、配件制造、成品装配、市场推广、产品销售、售后服务等全流程。

建立产业集聚基地是深圳为传统优势制造业寻找发展出路的一次尝试，是深圳产业布局的一次大调整。深圳希望借助产业集聚基地，引导这些传统产业聚集，同时实现产业的技术和品牌提升。

综合开发研究院（中国·深圳）研究员曲建认为："土地稀缺，是产业集聚发展的一个重要现实原因。"一份 2005 年深圳市贸易工业局对产业集聚基地的分析报告，透露了官方在产业集聚上的想法：由于目前特区内的土地资源日渐稀缺，已经制约了工业经济的进一步发展，需要更科学、集聚式的产业持续性发展。报告还指出，深圳的传统优势制造业经过二十多年发展后，在全国同行中发展均位居前列，但"由于区域竞争的日益加剧，深圳的区位优势已经日趋弱化。为强化这些产业在全国的优势地位，降低企业的营运成本，必须发挥产业的集聚效应，形成产业基地化的竞争态势"。

深圳市钟表行业协会执行副会长朱舜华认为："深圳的传统制造业还有一个特点，就是规模不大，分布零散。"建立产业集聚基地，是深圳为传统优势制造企业提供升级创造空间的必然之举。"这种上升空间的打造仅靠单个企业，已经难以完成了，需要发挥一个产业链的效应。实际上，每一个产业发展到一定阶段，都会面临转移这个问题。比如钟表产业在流程设计、制造、检测等方面，需要很多东西的配合。企业聚集到产业集聚基地，就是慢慢利用它们已有的基础和资源，实现具有整体效益的产业价值链集聚效应。"而当时深圳市贸易工业局的报告中也指出，从深圳制造企业现状来看，许多企业还是单兵作战，难以形成产业的规模效应，迫切需要建立较为完善的上下游产品配套链，形成有机的生态产业链。当时，深圳经济特区内旧工业区的改造问题已经日渐突出，特区外的工业用地又非常零散，没有形成集聚规模效应，因此产业集聚基地在规划之初，也希望借机整合特区外的工业用地。

在最初确立产业聚集基地时，政府的态度非常明确：集聚基地的主导产业，必须在国内有一定的品牌优势和规模优势，产品具有较高的科技含量和技术工艺水平，主要产品在全国同行业中处于龙头地位。在这一标准下选择的产业，作为深圳市代表性的传统产业，当时的产值占全市工业总产值比重已经超过了50%，虽然由承接香港的加工贸易企业发展起来，但由于发展时间较长，规模较大，已经具有了一定自主知识产权和自有品牌，深圳市希望借助产业集聚基地，引导这些传统产业聚集，同时实现产业的技术和品牌提升。

一句话，建设产业集聚基地，就是为转型时期的深圳传统产业打造“航空母舰”，入驻企业可以借助“航空母舰”的平台作用，实现产业升级、企业腾飞。

对于诸多符合入驻条件的企业来说，无疑是一次千载难逢的机会。

朱福增、赵年真夫妇抓住了这次机会。

凤凰落梧桐

伯尼表飞得越高、越远，就越需要找一个好的栖息地。

工厂搬迁，是企业发展的阵痛。因为地价、租金、城市规划等因素，伯尼表从南山桂庙路，搬到南光工业区，再搬到黎明工业区……每回搬迁，都是不小的费用开销，要花几十万甚至上百万。此外，夫妻两人也没有安定感，因为急着要找到新的落脚点，最严重时，彻夜辗转反侧。

赵年真希望扎下根来。早在 2003 年，她就开始关注深圳土地招拍挂（土地招拍挂制度是指我国国有土地使用权的出让管理制度。我国国有土地使用权出让方式有四种：招标、拍卖、挂牌和协议方式，编者注）、厂房买卖情况。朱福增作为深圳市钟表行业协会常务理事，了解到深圳

伯尼大厦所在的地块原貌是一个水塘

市政府一直积极谋划产业集聚基地。

朱福增心里明白得很，深圳钟表业之所以成为国内同行翘楚，与其行业信息、人才、设备、资金等行业发展所需的各类优质资源高度集中密切相关。特区一建立，对外开放一开始，蜂拥而至的海外钟表业资源在深圳聚集，使深圳各钟表企业享受到了产业配套完善带来的生产便利性和生产成本优势。1987 年，深圳市钟表行业协会诞生了，遵循产业集聚的思路，组建“深圳钟表大家庭”，荟萃了中国众多名牌钟表企业，内引外联，形成了三大体系，21 个服务平台，有研究院、检验中心、培训中心、创新中心等多个独立运作的机构。由其牵头主办的深圳钟表展，更是一步一步推动了钟表文化的发展，成为继巴塞尔钟表展、香港钟表展之后的世界第三大钟表展会、中国最大的钟表类专业展会。

深圳市钟表集聚基地，将是产业集聚的另一手笔。选址由最初的盐田，后更改为观澜，最后才确定在光明，一波三折。朱福增比较三处地理位置，分析觉得，光明基地处于宝安机场、蛇口港、深圳口岸 30 分钟经济圈内，还毗邻京港高铁广深港客运专线、深圳地铁 6 号线站点，这在交通便利上，是再合适不过了。

夫妻两人一合计，没有比将伯尼搬到光明更好的选择了。两人专程到当时规划的基地现场考察，发现整片土地由水库、水塘、泄洪区连为一体，完全是一片荒滩，建设开发，光填土一项就是很大的工程。工期需要多长？会不会也像前面几个选址一样，中途变卦，半途而废？朱福增、赵年真与协会同行们商量，到政府有关部门咨询，在别的同行企业还在犹豫的时候，他们几乎一刻也不敢耽搁，抓紧在 2008 年 10 月份，通过招拍挂买了地。办理相关手续时，政府各个部门便捷灵活、人性化的服务，令朱福增对光明更添好感。在施工过程中，面对不通电、不通水等难题，基地办公室给予了许多帮助，协助他们从金安路的皮具厂接驳水电，这才没耽搁施工。2012 年年底，伯尼大厦建成。伯尼实业成为第一个入驻深圳市钟表产业集聚基地的钟表企业。

光明钟表产业基地，还有个好听的别名——时间谷。就像金庸小说中汇聚各路各派武林高手的峡谷山谷一样，光明时间谷旨在建立集名牌钟表研发、生产、物流配套、展示、营销与人才培训于一体的基地。今天，这个目标显然达到了。目前深圳有一定影响力的表厂都在时间谷聚集，如飞亚达、依波表、天王表、宝时捷、星皇表、格雅表、伯尼表、雷诺表、古尊表等等。政府累计投入逾 10 亿元，每年安排一定规模资金，用于技术改造、外贸促进、会展、骨干企业扶持、国际市场开拓、公共服务平台建设等方面。

除了钟表行业重点龙头企业，时间谷还有关联企业近百家，国家高

建成后的伯尼大厦

新技术企业、国家技术中心、国家实验室、国家级设计中心等云集于此，拥有国内发明专利、外观设计专利及实用新型专利1000多项，参与国际、国家标准制修订20多项，并获得多个中国名牌、中国驰名商标。

从特区建立之初的“三来一补”国际代工厂，到20世纪80年代末自主研发生产的品牌企业的诞生，再到2006年踏上产业聚集化发展之路，深圳现代钟表业已走过近40年的历程。时至今日，深圳现有钟表企业1000多家，自主品牌170多个，在国产品牌手表前十中“深圳手表”占8个，在中国钟表“十强企业”中深圳占7个，国内市场占有率达70%。而知名品牌汇聚的时间谷产业园区，涵盖了从研发设计、精密制造到市场品牌营销的完整产业链，园区品牌汇聚、配套齐全，拥有得天独厚的营商环境。

“中国钟表看深圳，深圳钟表看光明。”从技术、品牌、质量、产销量等各方面权衡，光明都是粤港澳大湾区钟表产业的核心区，也是全国钟表产业的高地。朱福增、赵年真夫妻把伯尼实业带到这片行业高地、梧桐宝地，从此扎根光明，规划未来。

光明新蓝图

2008—2012年，是伯尼大厦在光明时间谷购地、奠基、建设、落成的几年。

光明图书馆伯尼分馆是光明区首家由政府与企业合作开办的图书馆

2008年，全球金融危机席卷而来，海外市场骤然疲软。朱福增和赵年真发现，国内却是“风景这边独好”。随着中国大陆内需扩大，钟表消费需求连年增长。伯尼表迅速调整战略，集中资源回归国内，大干快上，又上了一个新的台阶。近年来，中国经济增速放缓，经济全球化受阻，制造业发展承压，消费市场需求疲软，钟表行业持续处于整体低迷的状态。

入驻时间谷以后，朱福增内心非常希望，钟表业基地可以通过对品牌企业和产业链配套的重视，提高整个钟表产业的辐射能力。但是他也知道，产业聚集只可以起到抱团取暖的作用；打破僵局，走出新局，则需要找到新的出路，实现新的突破。夫妻俩觉得，既然选择了做钟表、做实业，就是选择了艰难，要走下去，一要坚持，二要等待机会，找到突破点。

初期的时间谷还很清静。朱福增和赵年真常常在一起盘点钟表行业发展的点点滴滴。深圳钟表业在国内是名列前茅的，但从全球范围来看，中国与老牌钟表强国瑞士、日本等国家相比，在制造技术、品牌影响力等方面仍存在较大差距。在全球竞争格局中，中国钟表在高端市场欠缺话语权，中端市场也不占上风，更多的只能参与低端、低利润市场的争夺。为此，深圳市政府、光明区政府、钟表协会和时间谷钟表企业，合力打造钟表产业集聚基地，方向是对的，如果基础打得更扎实，深圳钟表行业向上发展还是有很大空间的。钟表业是如此，整个中国的制造业，中国作为新的世界工厂，也莫不如此。只凭产业转移，吃现成饭，这个饭碗不会长久。一旦产业再度转移，饭碗就没有了。香港、台湾的黄金时代就是制造业发达的时代，后来制造业转移到内地（祖国大陆），港、台就空心化了。深圳市要持续繁荣，制造业只能升级，不能流失。

升级深圳市钟表业，企业和社会要各司其职。钻研技术、提升品牌，这是企业应该做的。伯尼表这些年，设计、技术迭代递进，这是伯尼表在市场畅销的硬实力。伯尼表名字起得好，广告做得好，服务跟得上，品牌效应很明显，这是伯尼表的软实力。接下来，企业还能做什么呢？基础研究、公共平台，不是单个企业能搞得起来的，要靠行业组织和政府服务。这就是产业集聚基地的价值所在。伯尼率先入驻时间谷，这个选择百分百正确。既然前面所有的这一切都做对了，未来的命运就看今后的选择了，或者说就看今天的选择了。

今天的选择，不是小选择，而是大选择。岁月留声，手表在形态和功能上，几经变化，如今，它已经不是纯粹的计时器，而是人们穿着打扮的一部分。伯尼表赶上了这一波变化，不仅以美的外观给客户新潮的装饰感，还以运动功能跨界体育和休闲，这是伯尼表在市场上火速爆红、经久畅销的深层次原因。未来，人们还需要手表吗？在什么地方、什么时候需要？需要什么样的手表？人类曾经努力将时间实体化，在小小表壳的内里穷尽了把戏，也锁不住时间，未来的手表怎样实现“时间 +”？这是大选择，

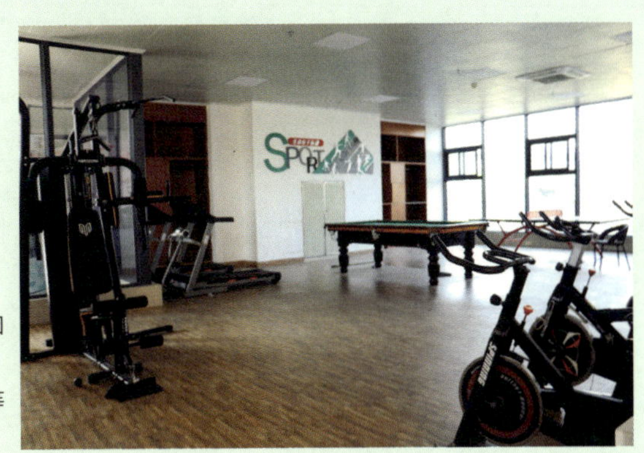

伯尼图书馆还配置了咖啡水吧、音响投影等设施，适合举办沙龙、项目路演等活动

不是小选择。

朱福增和赵年真像所有实业家一样务实，他们不断改进伯尼表的功能和外观，以迎合市场上任何风吹草动的变化。伯尼表的价格体系也不断丰富，满足不同消费者的不同需求。伯尼的销售网络也在变化，从渠道批发、门店销售，到拥抱电商、互联网营销。这些大家都在做，这些也都是小选择，不是大选择。

朱福增在访谈中面对盘根究底的询问，最后咬咬牙，说出了一个看起来还在保密阶段的选择，一个大选择：伯尼手表要与智能穿戴相结合，伯尼实业已经为此苦练内功多时，只是现在还没有大张旗鼓地产业化、市场化。

智能穿戴产品蔚然成风，是选择对抗，还是选择融合？伯尼表旗帜鲜明，要坚定地走智能穿戴方向。转变充满了痛楚，从零到一，几乎所有东西都要重新来过，外观设计、手表结构，尤其是科技人才。当然，最重要的是，产品的细分定位。朱福增对此守口如瓶。这是商业机密，可以理解。有两点，朱福增说得非常清晰，看起来是深思熟虑之后的小提点："我们一是要顺应万物互联的发展趋势，二是借力这股趋势做些针对细分领域的产品应用。"

朱福增承认现在还有很多难题有待破解。时代在变，行业环境在变，政府政策也在变，随着城市更新进程的加快，与钟表行业相关的上下游企业，许多面临何去何从的难题。"我们3D打印不可能先做大货的，经常要做样板，现在都要跑到东莞，真的很麻烦。"时间谷如何避免沦为房地产泡沫的牺牲品，如何靠品牌成表企业发展带动周边配件企业，在安全成本、环保成本等综合层面上，暂时还没能找到完美的解决方案。

但是朱福增和赵年真都由衷认为，深圳市和光明区的产业决策大方向是正确的，大选择是对的。2018年9月19日，光明区揭牌成立，开启了建设新光明、开创新未来的历史新征程。加快建设引领源头创新的科学新城，以光明科学城规划建设作为对接广深港澳科技创新走廊、践行深圳"北拓"战略的核心支点，高标准、超常规布局建设一批重大科技基础设施和城市基础设施，形成具有国际影响力、竞争力的科学装置群和研发机构群，着力提升基础研究能力和应用基础研究能力，不断强化区域极核效应，成为粤港澳大湾区源头创新的重要引擎。光明区向外界传递重磅信号，光明区将建设"世界一流科学城"。新光明，新发展，新动能。光明区始终坚持质量引领，以战略性新兴产业为重点，转变发展方式、优化经济结构，打造新技术新产业新业态新模式的重要集聚区，正在逐步成为深圳高新技术产业发展的一面新旗帜。高新技术、文化教育，是明天的总希望、总蓝图。

漂泊了四分之一个世纪的伯尼表，真心要扎根光明，继续发展。在时间谷这1.2平方千米的核心区域里，周边的生活配套设施还是相对落后，员工流失率很高。有一次，政府召集所有入驻企业座谈，希望可以有一家牵头打造园区文化氛围，设立一个借书亭。朱福增听闻后，便牵头落实，主动提出将伯尼大厦的一楼空置出来，建成光明区图书馆伯尼分馆。

图书馆收藏的书籍

这是光明区首家由政府支持、企业运营的社区图书馆，藏书有4000余册，为社会公众提供各类图书免费借阅服务，还有咖啡水吧、音响投影等设施，如今俨然成为时间谷里读书、休闲的好去处。2017年，伯尼又无偿腾出新的物理空间，用于建设时间谷党群服务中心，成为时间谷基层党组织开展民生微实事、社区文化活动的重要场所，也就是社区基层党组织联系群众、组织动员群众、宣传教育群众等凝聚人心、促进和谐作用的一个样板阵地。人们在这里，看到了一个似乎不一样的伯尼，又似乎是那一个一以贯之的伯尼：25年的光阴里，一对伉俪携手并肩一路走来，以知识分子的儒雅，为工厂的厮杀血拼增添了一点象牙塔的星芒。

光明华侨电子工业有限公司合资经营协议书"，并成立第一届董事会。中国第一家中外合资的电子企业就此诞生。光明华侨电子厂，以既有企业为依托，来料加工收录音机机芯，与
有品牌的收录机、彩色电视机、音响组合、计算器、电子表、电子玩具、微型电脑及其它电子产品，这就是后来的康佳电子。还有光明奶牛场，也属于引进外资。当时是从新西兰引
乃牛场当然是在光明区，但是，这已经超出了三来一补企业的初级形式。鉴于依托光明华侨农场展开的各种内引外联企业故事，已经在《农场往事》里有了更详细的叙述，这里就不
业为主业，公明镇也是以农业为主。你们湖南、江西也算是农业大省，但是你们平均一人一亩三分地，你们的耕地其实是不够分的。我们公明镇一个劳动力要耕种十几亩地，不包括
舌说潮汕人"种田如绣花"，很精细。所以最早来公明地区的外地人除了国外回来的华侨，就是潮汕人。当东莞、宝安其他地方的"三来一补"企业搞得热火朝天的时候，公明这个
殳试过，公明公社的老书记陈克明试着将一块 2.9 亩的农地转为非农地。结果，全市通报批评，差一点连乌纱帽都保不住了。直到 1990 年 10 月份，大家开始形成共识：我们不发展
动起来了。当时有一个万头猪场，养猪场，大家要动这块地，市里边有个分管领导到了现场，一看我们填了那么多农田，立即就板起了面孔。所以直到现在，公明还是保留了很多农
主任，正好分管这个工作，我记得是发了个头版头条，对我们支持力度很大。这是 1991 年的事情。这以后，公明就开始大规模的引进工业项目，迎来了一个为期 10 多年的黄金发展
有限公司等，以补偿贸易形式成立的中生产和鲜奶出口，辉办畔闻鸡场，经约出口香港活鸭。这算是比较早的企业了。这些企业都有一定的国企背景，光明华侨农场就是级别很高
冠华是 1989 就来了。还有陈伯雄的勤兴，还有一个两兄弟开的海洋海绵厂，专门做沙发，做床垫，做发泡胶，以前香港雅兰酒店都是他们的。那个时候有件沙发是很高兴的事，我跟
平同志视察深圳，引起很大反响，外商投资很热烈，形成了一股潮流。到 1990 年代末，公明商会有近 500 家企业会员。其中，港资企业 260 多家，台资企业 220 家左右，国企、内资
1993 年以前就来了，他是第一届公明台商协会的会长。庄世良是第二届公明台商协会的会长，他办了一个大的工业区，是比较有影响力的。说起来，第一家台资企业落户深圳是 198
的城市。光明台商协会是 1994 年成立的。现任深圳台商协会常务副会长兼秘书长的卢政群，以前就担任过深圳台商协会光明联谊会会长。他来的也很早，但不是第一代，他是随他
力美元。这个门槛很高。港资台资企业还是初加工企业多。他们赚加工费，人口红利嘛。最赚的还是买地的企业。地分几种类型，如果是商业用地，一般是 50 年。厂房用地，建厂
年一年交。买地当时相对来说是比较便宜的。早期不用说了，35 元到 50 元一平米。最多大概一百块左右。凡是买下地来的老板无论是破产或者是所谓迁移，只要他现今还有那块地，
块地，55 块钱一平米，现在卖了给人家做房地产，1 万多一平米，55 到 1 万多，你看它上涨了多少？200 倍差不多。这个就是土地红利。这个你没办法，农业用地不值钱，工业用地
，本地人、内地人做企业的多不多？不多。刚开始谁都没经验，也没有资源，也没有国际市场的渠道。我们 1995 年做过一个电磁灶项目，还准备上一个防弹衣项目。专门去上海、去
，资金不够，没有经验，不敢冒这个险。还是租地、卖地，钱来得快。所以本地人很少开工厂、做实业。最初，内地人来到公明开厂的也不是很多，多的是打工赚钱。后来，有些人
、台资企业都是现成的产品、现成的技术、现成的销售市场，按件计算加工费就好了，不需要太动脑筋，不需要太费心思。内地人办企业就没这么省心了，又要琢磨产品、又要琢磨
凡、张文东的漫步者音箱，都在光明办过厂，这些算是很成功的明星企业。光明台商多采访中，我们从多方面了解到，因为光明工厂属于"90 后"，工厂模式已经"升级"。"上屋
，前来投资的外商，也变了：1980 年代几乎是清一色的港商；1990 年代，台商来了。来光明投资办厂的外商，台商差不多占了一半。港商投资的行业大多是以服装、玩具、五金、皮
代初开始的。1987 年 11 月 1 日，台湾开放赴大陆探亲，隔绝近 40 年的两岸交流开启。由于赴大陆探亲人员大多要经过香港再到内地，深圳就成了接待第一站。每天，口岸上就涌来
商精神广为流传。1988 年 10 月，在深圳宝安西乡崩山脚下，出现了一家台资企业：海洋精密电脑插件厂。首批 150 名员工从广东澄海、潮州、丰顺招募到深圳。当时，海洋厂一栋
年 6 月 27 日。协会的会员数由成立最初的 60 家增加至近 2000 家，紧密联系着全市 4000 多家台资企业和在深居住的 5 万多台胞。深圳台商协会常务副会长、秘书长卢政群曾经担任
，那时，无论是深圳市内还是与周边城市，交通都没有现在这么方便。卢政群去广州黄埔一趟得花 4 个多小时。闯荡 5 年后，卢政群于 1996 年在公明买地建厂。卢政群的橡胶制品厂
效率。营业额由创业之初的 1000 多万元增长到现在近 2 亿元，年产量上万吨。客户包括国内外知名鞋业品牌，包括安踏、361°、李宁、比亚迪等五六百家客户。初来深圳，光明区
兼光明联谊会会长期间，卢政群成为棒球运动的积极推广者。他为光明区的学校与台湾棒球教练的合作牵线搭桥，以台商协会的名义建设球场、组织比赛。2017 年，首届海峡两岸学
员吴晋维一拍即合，决定合作在深圳成立专业的棒球推广和培训公司。　光明地域面积小，光明台商数量在深圳台商中的占比并不高，但是光台商的密度却不小。何以为证？大陆第一
家台商子学校应该是深圳公明的华茂实验学校。资料表明，东莞台商子弟学校，位于潢涌村东部。潢涌村历朝以来重视文化教育，于明朝永乐年间（1403 ~ 1424 年）就建有西石书
号称中国大陆第一座台商子弟学校。学校座落在潢涌村东部，占地面积约 9 公顷。是一所集幼稚园、国小（小学）、国中（初中）、高中于一体的公益性学校。学制、课程与台湾接
年由时任东莞市台商协会会长叶宏灯等人倡议创办，1999 年 10 月获广东省教育厅及省台办正式核准，并于 1999 年 11 月 3 日奠基。2000 年 9 月 2 日，学校建成，9 月 3 日正式开学，
国际观及竞争力"的台商新世代。由于台商协会出面倡建，海峡两岸名人加持，办学理念与台湾地区接轨，学校建设受到了海峡两岸各级领导的高度重视。国家和广东省领导如钱其
先后到学校视察指导工作。"中国大陆第一座台商子弟学校"既是名声在外，也确实是名不虚传。然而，很少有人还记得，就在深圳公明的将石围，有一所名叫华茂的实验学校，学
茂实验学校于 1996 年秋季创办，由当时的深圳市政协常委、实业家王庆茂先生独资兴建，包括幼儿部、小学部、中学部，最初只是招收内地学生。王庆茂曾经是"全国民办教育十大
书问题。王庆茂敏锐地抓住时机率先将华茂学校升级为国际学校。1997 年 8 月，为了解决港商子弟在深圳上学的问题，经国家教委和国务院港澳办批准，华茂实验学校挂上了"广东
纷纷前来就读，而且为数不少，当时台湾在深圳的从业人员有 6 万人之多，这部分人的子女读书问题一直是一个亟待解决的问题。经国家教委和国务院对台办批准，华茂实验学校于
留有深刻印象。老亨认为，从实际建校时间和实际开学时间来看，深圳公明的华茂实验学校可能才是"大陆第一所台商子弟学校"。可惜的是，王庆茂这个颇有传奇色彩的企业家、
商子弟学校"这三块曾经闪亮的校牌都已经淡出了。这三所招生对象分别为内地、香港和台商子弟的学校，曾经共处同一校园，合称深圳市华茂学园（简称华茂园）。共存内地教育
，也真有上屋模式。也就是 1978 年，越南排华很严重，几十万华侨难民需要安置。时任国务院侨办主任廖承志在深圳接待安置越南难侨会议上说：在西贡有不少电子厂华侨技术工人
京签署了"光明华侨电子厂合作协议书"。随即组织五十余名归侨侨眷职工在光明华侨畜牧场开始来料加工收录音机机芯，一年获纯利 83 万元，利用外资打响了第一炮。后来，廖
一家中外合资的电子企业就此诞生。光明华侨电子厂，以既有企业为依托，来料加工收录音机机芯，与太平手袋厂一样，是典型的三来一补企业。不过，这个加工企业设在光明华侨
电脑及其它电子产品，这就是后来的康佳电子。还有光明奶牛场，也属于引进外资。当时是从新西兰引进了一批奶牛，空运过来的，经过了许多波折。后来，光明奶牛场发展成为一
依托光明华侨农场展开的各种内引外联企业故事，已经在《农场往事》里有了更详细的叙述，这里就不作为本书讲述的重点了。相对于光明华侨农场的大手笔引进，公明镇三来一补
们平均一人一亩三分地，你们的耕地其实是不够分的。我们公明镇一个劳动力要耕种十几亩地，不包括旱地，全是水田。不是劳动力的人减半，但是最少也不会少于每人 5 亩水田，
回来的华侨，就是潮汕人。当东莞、宝安其他地方的"三来一补"企业搞得热火朝天的时候，公明这个地方几乎还没有工业。石岩就在公明隔壁，石岩的"三来一补"企业动静很大，
全市通报批评，差一点连乌纱帽都保不住了。直到 1990 年 10 月份，大家开始形成共识：我们不发展工业是死路一条。年底就开大会，在三级干部会议上做报告，做动员，结果没有
导到了现场，一看我们填了那么多农田，立即就板起了面孔。所以直到现在，公明还是保留了很多农业用地，尽可能地保护了耕地，要不现在光明区哪里还有这么多空地？陈灼灵说，
1991 年的事情。这以后，公明就开始大规模的引进工业项目，迎来了一个为期 10 多年的黄金发展期。到 2000 年左右，公明的加工工业已经很成规模了，公明由一个农业大镇，变成
口香港活鸭。这算是比较早的企业了。这些企业都有一定的国企背景，光明华侨农场就是级别很高的国营农场嘛。非国企背景的"三来一补"企业也有很早的，但是规模都比较小，
沙发，做床垫，做发泡胶，以前香港雅兰酒店都是他们的。那个时候有件沙发是很高兴的事，我跟他买一组沙发，要 7000 块一套。他们是比较有钱的，我们凡是去香港搞什么活动，
末，公明商会有近 500 家企业会员。其中，港资企业 260 多家，台资企业 220 家左右，国企、内资企业相对比较少。这个比例当中，台资企业算是比较高了。公明的工业化比较晚，
会的会长，他办了一个大的工业区，是比较有影响力的。说起来，第一家台资企业落户深圳是 1982 年。当然现在深圳引进的台资企业超过 6000 多家了，台资企业出口约占深圳市出口
卢政群，以前就担任过深圳台商协会光明联谊会会长。他来的也很早，但不是第一代，他是随他父亲来的。陈灼灵说，当初港商台商做什么行业的都有，手袋、玩具、文具、文胸、
嘛。最赚的还是买地的企业。地分几种类型，如果是商业用地，一般是 50 年。厂房用地，建厂房的是 30 年。其实当时具体签多少年我们也不是太清楚。怎么说呢？是村里签的，比如
大概一百块左右。凡是买下地来的老板无论是破产或者是所谓迁移，只要他现今还有那块地，那就大赚。一般来说，现在卖地一个平米 1 万多块，一亩地 660 多平米，就是 665 万，
上涨了多少？200 倍差不多。这个就是土地红利。这个你没办法，农业用地不值钱，工业用地才值钱。工业产品要销得出去，工厂才赚钱。三来一补企业就是"两头在外"，参与国
际市场的渠道。我们 1995 年做过一个电磁灶项目，还准备上一个防弹衣项目。专门去上海、去杭州学习，请来专家教授技术。市场呢，当时想广东公安干警 2 万人，每人一件防弹衣
开工厂、做实业。最初，内地人来到公明开厂的也不是很多，多的是打工赚钱。后来，有些人在打工的过程中学到了技术，慢慢也敢自己开厂了。首先当然是要交学费的，有很多人就
要太动脑筋，不需要太费心思。内地人办企业就没这么省心了，又要琢磨产品、又要琢磨技术、还要开拓市场。所以啊，绞尽脑汁地想办法，想啊想，想到了好点子，创新就成功了

相关附录

获纯利 83 万元，利用外资打响了第一炮。后来，廖承志主任根据中央精神进一步提出：要用我们的土地资源和劳动力优势，同外国搞合资经营。于是双方于同年 12 月在广州签定
型的三来一补企业。不过，这个加工企业设在光明华侨畜牧场沙河分场，虽然与光明农场有关，却不在今天的光明区，而在南山区的华侨城。后来光明华侨电子厂升级为中外合资企
的，经过了许多波折。后来，光明奶牛场发展成为一个很有成就的企业，生产的牛奶直接供应香港，而且供应量差不多占了香港购买的牛奶的 50%，这就是现在赫赫有名的"晨光牛
相对于光明华侨农场的大手笔引进，公明镇三来一补企业大多还是上屋模式，只是公明的工厂时代，比起深圳其他地区似乎要来得更晚一些。陈灼灵反复跟我们说：光明华侨农场
劳动力的人减半，但是最少也不会少于每人 5 亩水田，旱地另外算。种这么多田，耕这么多地，很辛苦的。我们种田都种怕了，就请潮汕人来。广东潮汕地区人多地少，潮汕人喜欢
石岩就在公明隔壁，石岩的"三来一补"企业动静很大，但是公明只能干瞪眼，白着急。为什么呢？因为你公明是粮仓啊，规划中你的定位就是农业区，耕地红线绝对不能碰。打擦
开大会，在三级干部会议上做报告，做动员，结果没有一个村子、没有一个人敢动。转过年来，眼看就是 1991 年清明了，又开第二次动员大会，这样大家才行动起来，泥头车、推
了耕地，要不现在光明区哪里还有这么多空地？陈灼灵说，公明工业化用地的突破，最后是得到了省里的支持。"广东省委机关报《南方日报》对公明工业用地问题作了报道，我当
明的加工工业已经很成规模了，公明由一个农业大镇，变成了一个名副其实的工业区。"陈灼灵回忆，在 1990 年代以前，公明并不是一家三资企业都没有。1979 年光明华侨畜牧场
背景的"三来一补"企业也有很早的，但是规模都比较小，游击队似的，名字都记不住了。1988 年，港商郑国伟投资的楼村手袋厂算是来公明比较早的"三来一补"企业了。还有陈
块一套。他们是比较有钱的，我们凡是去香港搞什么活动，基本上是在他的酒店里面住。这些都是来的比较早的企业。但是大量的港资企业、台资企业到公明来，是在 1992 年以后
比例当中，台资企业算是比较高了。公明的工业化比较晚，90 年代赶上台商投资潮，所以公明的台资企业比较多，公明的台商企业协会也比较活跃，这算是公明的一个特色。台商中
的台资企业超过 6000 多家了，台资企业出口约占深圳市出口总额的五分之一左右，在深圳居住的台胞及其家属 5 万多人。1990 年的时候吧，深圳台商协会成立，成为大陆第一批成
初港商台商做什么行业的都有，手袋、玩具、文具、文胸、海绵、五金、模具、熨斗、电磁灶、鞋厂、电视机厂。做什么都好赚。当时外商独资企业少。独资企业，投资总额度起
具体签多少年我们也不是太清楚。怎么说呢？是村里签的，比如说某某村有老板来投资了，看中一块地，大家商量好，就行了。买地和租地有什么区别？买地就是一次性把钱交了，
现在卖地一个平米 1 万多块，一亩地 660 多平米，就是 665 万，如果超过 1 万块就 700 万。你办企业什么时候能赚到 700 万？我们就有个台湾老板，他就是买地。刚开始打了折，有
得出去，工厂才赚钱。三来一补企业就是"两头在外"，参与国际经济大循环，这样人家才能赚到钱。工厂赚了钱，招的工人就多，城市就火旺起来，房地产也就跟着值钱了。就是
受技术。市场呢，当时想广东公安干警 2 万人，每人一件防弹衣，2699 元一件，替代进口产品，那是一个多么大的市场啊？可是呢，我跟一个村的老书记做了很久的思想工作，还是
技术，慢慢也敢自己开厂了。首先当然是要交学费的，有很多人就是因为学费太高，亏惨了。但是也有很多人挺过来了，而且做得非常出色，比港资、台资企业还出色。因为什么呀
所以啊，绞尽脑汁地想办法，想啊想，想到了好点子，创新就成功了。你看看街上很多喜德盛的自行车，这个喜德盛就是在公明办厂创业的，你们可以去采访一下他们。还有黄宏生
和基础设施，外商负责机器、设备、技术、原材料和市场渠道。"光明模式"更简单了：村里提供一块合用的空地就行，或短租，或长租，由外商自己建厂房，村里提供施工便利就
业；台商投资的行业越来越倾向于以电子产品等 IT 技术为主的新兴产业，即便是传统家具行业、　台商成规模地投资珠三角，是从 20 世纪 80 年
回来探亲还不太放心，不敢回到家乡，就让大陆亲人到深圳或香港相聚。1988 年，国务院　励台商发展，台商蜂拥而入，让"爱拼才
是仓库和外厅，二楼开始空着，三楼办公，四楼生产线，五楼是宿舍。就是这间不起眼的深圳海洋　球代工大王——富士康科技集团。深圳台商协会
也是最早来光明投资创业的台商代表。1991 年，因为在台湾的客户转移到大陆发展，卢政群跟随父亲来到深圳投资考察，首站就选在公明。起初，他在深圳、东莞等城市以及其他
业区。生产的橡胶化学品是橡胶行业的"调味料"，就像盐巴、味精、白糖等食品调味料可用于改善食品味道一样，通过添加这些产品，有助于橡胶在生产制程中展现不同特性，提
艰苦，道路交通不便。闲暇时，卢政群最爱的就是挥一挥棒球棒。因为他在台湾上小学时就喜欢棒球运动，于是他就牵线搭桥把台湾的棒球教练引进到光明的学校。在任深圳台商
举行，卢政群组织光明区 40 多名小学生到比赛现场参观加油。2019 年，在卢政群积极"牵线"下，深圳台商协会光明联谊会理事张家豪与在深圳担任棒球教练的原中华台北棒球代
明，就可以为证。一切与深圳有关的深圳智库因特虎曾经关注过公明的一家很有名的学校——华茂实验学校。很多人都以为大陆第一家台商子弟学校在东莞，但是因特虎的调研发现
22 年），东莞县设 14 所社学，"凰涌社学"为其中之一所。20 世纪 90 年代，东莞台商投资躬逢其盛，台商子弟就读不甚便利。于是台商协会出面筹资 2000 万元，在久负盛名的
用台湾教材，大陆和台湾共同承认学历。学生毕业后，可以返回台湾考大学，也可以在大陆考大学。学校的建成，成为海峡两岸文化教育交流史上一个重要的里程碑。东莞台商子弟
涵题写校名。学校以"全人教育"为办学理念，以"六教育"（生活教育、语文教育、才艺教育、资讯教育、探索教育、环境教育）为办学方针，力求培养出具有"自信心、人文情
瑞华，国务院侨务办主任郭东坡、国务院台湾事务办公室主任陈云林、海协会常务副会长唐树备及台湾地区知名人士林洋港、杨朝祥、黄树村、范巽缘、章孝严、萧万长、许信良
也有来自香港、澳门和台湾的，真可谓是一所"大中华学校"。这些同是黑头发、黄皮肤的"龙的传人"，在绿草如茵的校园里，一起学习、一起生活，健康成长。这所深圳历史
、人称"深圳陈嘉庚"。当年公明的周边已经是外商云集的地方，数以千计的外资企业主要来自台湾、香港、日本和韩国。有 22 名外商写信给深圳市长，要求开办国际学校，解决
子，这是全国第一所专门招收香港人子弟的学校。港校还从香港教育界聘请了知名校长和教师，并全部采用香港教材。在香港人子弟学校开办的过程中，不少台湾商人、企业主和小
块"台商子弟学校"的牌子，台商子弟学校与香港人子弟学校共校。因特虎智库团队老亨、金心异、呙中校等就曾于当年专门到访华茂实验学校，对港台子弟共校和港台版教材、港
方式退出舞台。因为将学校资金挪作他用，王庆茂被推上了被告席，华茂实验学校也因此转让。如今，在公明宽阔的松白大道旁，"深圳市华茂实验学校""广东香港人子弟学校"
三种教育模式，在全国可谓独一无二的这所"大中华学校"，见证过当年公明和深圳的港商和台商的茂盛。光明离虎门太平手袋厂不远，离石岩上屋村更近。光明的外向型工厂还真
电子厂安置他们，可发挥他们的作用，做加工贸易，收效快，大有奔头。经过多方联络考察谈判，1979 年 3 月 15 日在国务院侨办领导主持下，广东省华侨农场管理局与香港港华电
一步提出：要用我们的土地资源和劳动力优势，同外国搞合资经营。于是双方于同年 12 月在广州签定了"广东省光明华侨电子工业有限公司合资经营协议书"，并成立第一届董事
与光明农场有关，却不在今天的光明区，而在南山区的华侨城。后来光明华侨电子厂升级为中外合资企业，生产自有品牌的收录机、彩色电视机、音响组合、计算器、电子表、电子
的牛奶直接供应香港，而且供应量差不多占了香港购买的牛奶的 50%，这就是现在赫赫有名的"晨光牛奶"。光明奶牛场当然是在光明区，但是，这已经超出了三来一补企业的初级
只是公明的工厂时代，比起深圳其他地区似乎要来得更晚一些。陈灼灵反复跟我们说：光明华侨农场，当然以农业为主业，公明镇也是以农业为主。你们湖南、江西也算是农业大
田，耕这么多地，很辛苦的。我们种田都种怕了，就请潮汕人来。广东潮汕地区人多地少，潮汕人喜欢种田，有句话说潮汕人"种田如绣花"，很精细。所以最早来公明地区的外地
白着急。为什么呢？因为你公明是粮仓啊，规划中你的定位就是农业区，耕地红线绝对不能碰。打擦边球也不是没试过，公明公社的老书记陈克明试着将一块 2.9 亩的农地转为非农
敢动。转过年来，眼看就是 1991 年清明了，又开第二次动员大会，这样大家才行动起来，泥头车、推土机全部都动起来了。当时有一个万头猪场，养猪场，大家要动这块地，市里边
，最后是得到了省里的支持。"广东省委机关报《南方日报》对公明工业用地问题作了报道，我当时是总经办主任，正好分管这个工作，我记得是发了个头版头条，对我们支持力度
区。"陈灼灵回忆，在 1990 年代以前，公明并不是一家三资企业都没有。1979 年光明华侨畜牧场与香港豆品有限公司签约，以补偿贸易形式发展奶牛生产和鲜奶出口；筹办畔湖鸭
不住了。1988 年，港商郑国伟投资的楼村手袋厂算是来公明比较早的"三来一补"企业了。还有陈钧辉的泰兴冠华是 1989 就来了。还有陈伯雄的勤兴，还有一个两兄弟开的海洋海绵
面住。这些都是来的比较早的企业。但是大量的港资企业、台资企业到公明来，是在 1992 年以后。那时邓小平同志视察深圳，引起很大反响，外商投资很热烈，形成了一股潮流。
所以公明的台资企业比较多，公明的台商企业协会也比较活跃，这算是公明的一个特色。台商中，吴永樵是 1993 年以前就来了，他是第一届公明台商协会的会长。庄世良是第二届
在深圳居住的台胞及其家属 5 万多人。1990 年的时候吧，深圳台商协会成立，成为大陆第一批成立台商协会的城市。光明台商协会是 1994 年成立的。现任深圳台商协会常务副会长
、电磁灶、鞋厂、电视机厂。做什么都好赚。当时外商独资企业少。独资企业，投资总额度起码超过 3000 万美元。这个门槛很高。港资台资企业还是初加工企业多。他们赚加工费
了，看中一块地，大家商量好，就行了。买地和租地有什么区别？买地就是一次性把钱交了，租地就是一年一年交。买地当时相对来说是比较便宜的。早期不用说了，35 元到 50 元一
。你办企业什么时候能赚到 700 万？我们就有个台湾老板，他就是买地。刚开始打了折，有优惠，买了块地，55 块钱一平米，现在卖了给人家做房地产，1 万多一平米，55 到 1 万
家才能赚到钱。工厂赚了钱，招的工人就多，城市就火旺起来，房地产也就跟着值钱了。就是这么个道理。本地人、内地人做企业的多不多？不多。刚开始谁都没经验，也没有资源
口产品，那是一个多么大的市场啊？可是呢，我跟一个村的老书记做了很久的思想工作，还是下不了决心。资金不够，没有经验，不敢冒这个险。还是租地、卖地，钱来得快。所以
了。但是也有很多人挺过来了，而且做得非常出色，比港资、台资企业还出色。因为什么呀？因为港资、台资企业都是现成的产品、现成的技术、现成的销售市场，按件计算加工费就
盛的自行车，这个喜德盛就是在公明办厂创业的，你们可以去采访一下他们。还有黄宏生的创维电视机、张文东的漫步者音箱，都在光明办过厂，这些算是很成功的明星企业。光明

光明工厂地理

深圳市光明区位于广深港发展中轴，是粤港澳大湾区和广深科技创新走廊重要节点。东至观澜、西接松岗、南抵石岩、北与东莞市接壤，中心位置位于北纬22°46′34″，东经113°54′44″，总面积156.1平方千米。

光明区地形地貌属于低山丘陵滨海区，背山面海、岗峦起伏，区内水域广阔，青山环绕。地势东北高西南低，地形较为复杂，主要地貌为低山、丘陵、台地和平原，东北部主要为低山，中部及北部主要为丘陵、台地，西部主要是冲积平原，并残存一些低丘，而西南海岸多为泥岸，滩涂资源丰富。茅洲河自东南至西北从中穿过，将光明区一分为二。辖区支流水系丰富，水库密布，包括鹅颈水库、莲塘水库、桂坑水库、铁坑水库、大凼水库、红坳水库、尖岗坑水库、横坑水库、后底坑水库、阿婆髻水库、石狗公水库、白鸽陂水库、禾槎涧水库、畔坑水库、望天湖水库、罗仔坑水库、水车头水库、碧眼水库等在内的18座水库。光明区的公明水库是深圳市战略性储备水库，水库水面有6平方千米，和杭州西湖相当。光明区土地资源相对丰富，拥有深圳市最大的可连片开发区

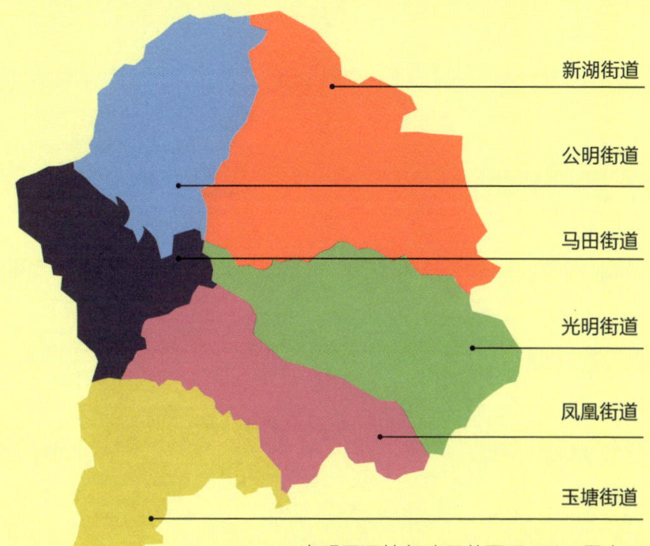

光明区下辖行政区总面积 156.1 平方千米。下辖光明、公明、新湖、凤凰、玉塘、马田六个街道办事处

域，绿地覆盖面积占土地总面积的 53%。光明区耕地面积 20040 亩，其中基本农田保护用地 10560 亩，占深圳全市的 35%；生态控制区面积 83.45 平方千米，占全区面积的 53.72%。光明辖区拥有万亩荔枝林、花卉基地、奶牛场等，盛产多样水果，包括荔枝、龙眼、芒果、黄皮。自然资源有利于农林牧副业，历来是深圳的“粮仓”，拥有亚洲最大的养鸽基地、国内最大的鲜奶出口基地、广东最大的西式肉制品生产基地。

2019 年以来，光明区经济总量迈上千亿级，全年地区生产总值超过 1000 亿元。全区规模以上工业企业、国家高新技术企业双双突破千家，新增国家高新技术企业 285 家，达 1272 家。引进大疆、联想、赢合科技等一批重点企业，年产值超百亿企业达 5 家，本土上市公司达 21 家。

光明区源于历史上的公平墟、公明墟、公明镇，取“公道”“光明”之意。

2018 年 2 月，国务院批复成立深圳市光明区，9 月 19 日光明区揭牌成立。

光明区下辖光明街道、公明街道、新湖街道、凤凰街道、玉塘街道、马田街道 6 个街道办事处。这 6 个街道是 2016 年 8 月 31 日从原公明办事处、光明办事处的区域中划分出来的。

光明区各街道下辖各社区的工业区和工厂企业分布情况如下：

一、光明街道

光明街道属于光明区的行政、文化中心，下辖光明、东周、翠湖、迳口、白花、碧眼等 6 个社区，辖区面积约 55.8 平方千米。辖区内的光明农场大观园是全国农业旅游示范点、国家 3A 级旅游景区。深圳市第十高级中学、新区文化艺术中心等民生文化项目正加快推进。新区还拟在该办事处规划建设“光明小镇”等重点旅游项目，努力将该片区打造成为深圳市未来重要的生态旅游休闲基地。

1. 光明社区

光明社区位于光明街道中心区，社区管辖面积2.94平方千米，常住人口和户籍人口约1.5万人。社区内有大型商场1个，医院1家，学校3所（其中中学1所，小学2所），幼儿园1所，工厂、企业18家。

2. 东周社区

东周社区位于深圳市光明区光明街道中心地带，地形东高西低。辖区面积3.47平方千米，社区内有木墩村1个自然村，7个住宅小区。社区内企业有4家，分别是杜邦、研祥、世纪晶源及维他奶公司等，其中杜邦、研祥是世界500强企业，维他奶公司生产的豆奶销往内地其他省市及港澳地区，深受广大消费者的喜爱。

3. 翠湖社区

翠湖社区境内有翠湖公园，故名“翠湖”，辖区总面积1.01平方千米，是光明街道管辖面积最小的一个社区，下辖居民小组6个。辖区总人口约为22019人，户籍人口4485人1559户，暂住人口17534人。社区企事业单位有80家。

4. 迳口社区

迳口社区位于光明区光明街道以东，社区管辖面积5.02平方千米，有98%以上面积位于生态线以内。下辖4个居民点，社区内有迳口村、果林村、马头岭共3个自然村，社区企事业单位15家。

5. 白花社区

白花社区位于光明区光明街道南部，管辖面积

13.6 平方千米，是光明街道管辖面积最大的一个社区，下辖 1 个居民小组、5 个自然村，社区居民住房大多依山傍路而建。社区西部为光明高新技术产业园区及同富裕工业园。辖区共有 3 个工业区，有各类工厂企业 200 多家。

6. 碧眼社区

碧眼社区位于光明街道中心区，总面积 5.92 平方千米。社区内有碧眼旧村、白圩坜 2 个自然村，碧眼新村、水利组、白鸽场、生化厂 4 个居民点；共有企业 9 家，其中国有企业 2 家（深圳市卫武光明生物制品有限公司、大宝鸽场），民营企业 2 家［大捷达实业（深圳）有限公司、深圳深日钢材有限公司］，旅游餐饮企业 5 家（深圳光明高尔夫球会、光明滑草场、光明南粤美食园、光明农家食府、光明润东休闲小居），个体商业网点 277 家。

二、公明街道

公明街道为新区西部片区商业服务中心，下辖公明、李松蓢、上村、下村、西田等 5 个社区，辖区面积约 23.60 平方千米。环境优美，红花山远近皆知；历史文化悠久，公明烧鹅和腊肠回味悠长；公共配套服务集中，光明区文化馆、图书馆、体育中心等重要文体设施也坐落于此。

1. 公明社区

公明社区位于公明中心区，公明汽车站、公明中学、公明广场、红花山公园等均位于其辖区内。它还是西北部交通的中心枢纽，也是国内外客商投资与兴业的热土。总人口69138人，其中户籍人口4119人2218户，外来人口65019人。社区内有工业区5个，工厂企业58家。

2. 李松蓢社区

李松蓢社区位于公明西北部，辖区面积3.79平方千米。社区整体规划完善，下辖居民小组6个，常住户籍人口977人，382户，外来人口5万多人。社区内涉外及民营企业310多家，个体户1340多家，厂房总面积170多万平方米，建成区面积1.8平方千米。

3. 上村社区

上村社区位于公明中心区东北面，1951年由原水贝村分为上下两村而来。现管辖面积7.93平方千米，包括上村、上辇、下辇等自然村，下辖居民小组10个，总人口77571人，其中户籍人口1588人685户，外来人口75983人。社区内有工业区14个，工厂企业551家，其中规模以上工厂企业9家。

4. 下村社区

下村社区位于公明中心区西北面，1951年由原水贝村分为上下两村而来，现辖居民小组8个，总人口45000人，其中户籍人口1176人500户，外来人口43824人。社区内有工业区6个，工厂企业121家，其中规模以上工厂企业8家。

5. 西田社区

西田社区位于公明最北部，茅洲河北面，东靠光明，北邻松岗及东莞，下辖居民小组2个，总人口口 38246 人，其中户籍人口 386 人 184 户，外来人口 37860 人。社区内有工业区 4 个，工厂企业 181 家，其中规模以上工厂企业 2 家。

三、新湖街道

新湖街道下辖圳美、新羌、楼村等 3 个社区，辖区面积约 40.93 平方千米。新湖街道生态优势明显，拥有我市目前最大的战略性储备水库——公明水库。光明区将充分利用该片区的生态优势，通过中山大学深圳校区、中山大学附属第七医院、中大科技城和天安云谷等重大项目的规划建设，努力将该片区打造成为深圳市重要的区域教育、医疗中心和创新中心。

1. 圳美社区

圳美社区位于新湖街道北片区，地形呈东西走向，下辖居民小组 8 个，户籍人口 2000 多人，外来人口 46000 多人。圳美社区分为圳美和石介头东西两大片区，圳美片区以商住建筑为主，石介头片区以工业园区、农业用地和居民住宅为主。社区内有工业区 11 个，工厂企业 167 多家。

2. 新羌社区

新羌社区由圳美社区分设而立，位于新湖街道北面，下辖居民小组 10 个，总人口 28217 人，其中户籍人口 2932 人 757 户，外来人口 25285 人。社区内有工业区 6 个。

3. 楼村社区

楼村社区是深圳第一大社区（行政村），下

辖居民小组 4 个，总人口 96030 人，其中户籍人口 4520 人，外来人口 91510 人。社区内有工业区 14 个，工厂企业 523 家， 其中规模以上工厂企业 15 家。

四、凤凰街道

凤凰街道下辖塘家、甲子塘、东坑、塘尾、凤凰等 5 个社区，辖区面积约 22.20 平方千米。凤凰街道交通条件优越，广深港客运专线在此设站。该街道聚集了华星光电、欧菲光等一批重点企业，为全区高新技术产业主要基地。光明区将在目前产业基础上，大力培育发展战略性新兴产业、未来产业，布局发展商业、教育、卫生、文化等公共服务，努力将该片区打造成为宜居宜业宜人的中心城区、产城融合的示范样板区。

1. 塘家社区

塘家社区位于公明南部，社区有唐家及张屋两个自然村，下辖居民小组 4 个，总人口 22593 人，其中户籍人口 747 人 253 户，外来人口 21846 人。社区内有工业区 4 个，工厂企业 93 家， 其中规模以上工厂企业 4 家。

2. 甲子塘社区

甲子塘社区位于凤凰街道东南部，凤凰街道办事处在辖区之中，该社区为光明大道与光侨路之间的狭长地带，总面积仅 0.627 平方千米，是凤凰街道面积较小的社区。总人口 18950 人，其中户籍人口 450 人 136 户，外来人口 18500 人。社区内有工业区 3 个，工厂企业 86 家，其中规模以上工厂企业 6 家。

3. 东坑社区

东坑社区位于公明中南部，在农村城市化前辖区的总占地面积约 2.7 平方千米，在征转地后为 0.8 平方千米。过去是公明街道集体经济最为薄弱的社区之一。下辖居民小组 4 个，总人口 16830 人，其中户籍人口 762 人 265 户，外来人口 16068 人。社区内有工业区 3 个，工厂企业 213 家，其中规模以上工厂企业 2 家。

4. 塘尾社区

塘尾社区位于凤凰街道西部地带，下辖居民小组 12 个，总人口 45750 人，其中户籍人口 2017 人 650 户，外来人口 43733 人。社区内有工业区 5 个，工厂企业 278 家，其中规模以上工厂企业 5 家。

5. 凤凰社区

凤凰社区交通便捷，距离广深港光明城高铁站不足 500 米，共有茶林、凤凰、红坳 3 个自然村。辖区内工商企业 155 家。

五、玉塘街道

玉塘街道下辖玉律、田寮、长圳、红星等 4 个社区，辖区面积约 21.50 平方千米。深圳市九大传统优势产业集聚基地之一的模具基地坐落于该街道，已入驻亿和、东江、海铭翔等一批年产值过亿元的模具制造企业。近年来，光明区加快推进该片区产业转型升级，成功培育和引进迈瑞、蓝思旺等一批知名企业。下一步光明区拟将其打造成为集工业、居住和公共服务配套于一体的综合区域。

1. 玉律社区

玉律社区至少已有五百年历史，原住民多为曾氏族人，下辖居民小组 9 个，总人口 64601 人，其中户籍人口 1034 人 345 户，外来人口 63567 人。社区内有工业区 7 个，工厂企业 141 家， 其中规模以上工厂企业 11 家。

2. 田寮社区

田寮社区包括田寮和龙湾两个自然村，下辖居民小组 4 个，总人口 79684 人，其中户籍人口 1553 人 586 户，外来人口 78131 人。社区内有工业区 11 个，工厂企业 412 家，其中规模以上工厂企业 7 家。离龙大高速和广深高速约 2000 米，交通出入极为便利，定位为市模具发展中心。

3. 长圳社区

长圳社区地形呈方块形，主要为平地，总面积 5.17 平方千米，下辖 7 个居民小组，原住民多为曾子后裔曾氏一族。社区总人口 60783 人，其中户籍人口 710 人 290 户，外来人口 60073 人。社区内有工业区 10 个，工厂企业 245 家， 其中规模以上工厂企业 8 家。

4. 红星社区

红星社区是于 1995 年 11 月从长圳村划出的，在抗日战争时期，是有名的革命游击村。社区总面积约 0.45 平方千米，总人口有 19584 人，下辖居民小组 1 个，其中户籍人口 189 人 75 户，外来人口 19395 人。

社区内有工业区4个，工厂企业75家，其中规模以上工厂企业2家。

六、马田街道

马田街道下辖合水口、马山头、根竹园、薯田埔和将石等5个社区，辖区面积约17.76平方千米。马田街道拥有深圳市九大传统优势产业集聚基地中的钟表和内衣两大基地。下一步，光明区拟将其打造成为集工商业、居住和生活配套于一体的综合区域。

1. 合水口社区

合水口社区下辖居民小组3个，总人口74587人，其中户籍人口2207人932户，外来人口72380人。20世纪80年代后，工业经济得到了极大的发展，形成了以塑胶、电子、印刷为主的工业体系。社区内有工业区10个，工厂企业365家，其中规模以上工厂企业8家。

2. 马山头社区

马山头社区下辖居民小组3个，总人口27820人，其中户籍人口620人270户，外来人口27200人。社区内有工业区7个，工厂企业203家，其中规模以上工厂企业4家。

3. 根竹园社区

根竹园社区总人口11768人，其中户籍人口180人67户，外来人口11588人。社区内有工业区4个，工厂企业45家。

4. 薯田埔社区

又名茨田埔社区，总面积约为4.8平方千米，下辖居民小组9个，总人口36269人，其中户籍人口1189人514户，外来人口35080人。社区内有工业区9个，工厂企业95家，其中规模以上工厂企业10家。

5. 将石社区

将石社区面积8.8平方千米，是目前马田办事处辖区5个社区中面积最大的社区，总人口175003人，其中户籍人口2190人，常住人口172813人，人口和面积约各占马田街道一半。社区有企业1254家，其中绝大部分为中小企业。

（以上资料根据光明区政府在线、深圳市政府数据开放平台综合整理，相关数据统计截至2019年）

劳务工大事记

1981 1981 年 12 月 24 日，广东省颁发《广东省经济特区企业劳动工资管理暂行规定》。

1982 1982 年 1 月 1 日，深圳经济特区率先改革劳动用工制度，打破铁饭碗，实行劳动合同制。

1983 1983 年 7 月 6 日，深圳市政府颁发《深圳经济特区居民证、暂住证的暂行规定》。

1983 年，深圳开始对进入特区工作时间在半年以上的来深人员实行暂住证管理制度。

1986 1986 年 6 月，深圳大家乐文化广场建成开放，成为广大劳务工人员重要的活动场所，还被评为“广东省十佳文化广场”、深圳市精神文明十项成就之一。

1987 1987 年 1 月 5 日，深圳市政府颁发《深圳市临时工社会劳动保障试行办法》。

1987 年 3 月，成立“宝安县劳动争议仲裁委员会”。

1988 1988年8月12日，广东省颁布《广东省经济特区劳动条例》。

1989 1989年3月，宝安县各镇成立镇劳动管理站和镇外来办。

1990 1990年4月24日，深圳市政府颁布《深圳经济特区工伤保险暂行规定》。

1990年5月4日，宝安县青少年活动中心“大家乐”舞台落成，成为当时宝安县城劳务工最重要的文化活动场所。

1990年6月，深圳市最大的义工组织“深圳市义工联”成立。

1992 1992年8月1日，《深圳市社会保险暂行规定》《深圳市社会保险暂行规定职工养老保险及住房公积金实施细则》和《深圳市社会保险暂行规定职工医疗保险实施细则》颁布实施。

1993 1993年3月，深圳市宝安区设立“劳动争议仲裁委员会”，同时设立“深圳市宝安区劳动争议仲裁委员会办公室”，协调外来务工人员的劳动纠纷。

1993年5月28日，深圳市第一届人民代表大会常务委员会第十六次会议通过了《深圳经济特区劳务工条例》，成为我国第一个专门保护劳务工权益的法规。

1993年12月24日，深圳市第一届人大常委会通过了《深圳经济特区工伤保险条例》。

1994 1994年5月28日，第一次修正《深圳经济特区劳务工条例》。

1994年7月5日，《中华人民共和国劳动法》出台。

1994年8月4日，深圳市第一届人民代表大会常务委员会第二十四次会议通过《深圳经济特区劳动合同条例》。

1994年11月4日，深圳市政府发布《深圳经济特区工伤保险条例实施细则》。

1996 1996年9月，宝安区举办首届"十大杰出青年"和"十佳外来青工"评选活动。此后每年举行一次。

1997 1997年1月1日，深圳首次颁布了《深圳经济特区企业欠薪保障条例》。

1997年7月15日，深圳市第二届人民代表大会常务委员会第十六次会议修订《深圳经济特区劳动合同条例》。

1998 1998年2月13日，第二次修正《深圳经济特区劳务工条例》。

2001 2001年起，深圳"优秀外地来深建设者"和"外地来深建设者之家"评选活动每两年举行一次。

2001年，深圳成立全国首家专门化的劳动争议办案机构——劳动争议仲裁院。

2003 2003年9月，中国工会十四大指出，"农民工已经成为我国工人阶级的新成员和重要组成部分"。

2004

2004年1月，中央“一号文件”《中共中央 国务院关于促进农民增加收入若干政策的意见》，第一次明确认定“进城就业的农民工已经成为产业工人的重要组成部分”。

2004年6月25日，第三次修正《深圳经济特区劳务工条例》。

2004年7月26日，三家“外来工廉价医疗门诊”在深圳市公安边防门诊部、深圳市六联医院、深圳市坂田医院同时挂牌。

2004年8月27日，深圳第三届人民代表大会常务委员会第三十三次会议通过《深圳市员工工资支付条例》，2004年12月1日起施行。

2004年10月，宝安区举办首届职业技能竞赛，共有电焊工、钳工、电工、美容师、计算机软件应用5个工种，2742人参赛。

2004年，中国劳务工数量已占企业员工总数近60%，超过之前城镇居民构成的传统产业工人数。

2005

2005年4月22日，首届深圳百名优秀义工招调入户暨免费健康检查活动正式启动。

2005年5月举办首届深圳市外来青工文化节，该节在2007年被列入“深圳市十大文化盛事”和“深圳市最受市民喜爱的十大文化品牌”，并获得文化部颁发的全国第十四届群星奖”服务奖。

2005年8月16日，深圳出台《深圳市高温天气劳动保护暂行办法》。日最高气温40℃停止工作，38℃

工作时间不超过 4 小时。

2005 年 11 月 26 日，首届“全国打工文学论坛”在宝安区举行，此后每年举行一次。

2006

2006 年 3 月 27 日，国务院发布《关于解决农民工问题的若干意见》。

2006 年 5 月初，全国总工会联合国家安全生产监督管理局和国家煤矿安全监察局，共同展开“关爱农民工生命安全与健康”特别行动。

2006 年 5 月 17 日，深圳市出台全国首个劳务工医疗保险办法——《深圳市劳务工医疗保险暂行办法》。

2006 年 7 月 1 日起，深圳市公共职业介绍机构免费为劳务工提供职业介绍服务。

2006 年 7 月 26 日，深圳市修改《深圳经济特区企业员工社会养老保险条例》。

2006 年 8 月底，深圳市工伤保险参保人数达到 717 万，其中 80% 为外来劳务工，居全国各城市首位。

2006 年 12 月，深圳市成立农民工工作领导小组和深圳市农民工工作领导小组办公室。

2007

2007 年 3 月 2 日，深圳市慈善会发起的深圳“劳务工关爱基金”启动仪式在东门文化广场举行。

2007 年 3 月 24 日，宝安区政府正式立项，开始筹建全国首家劳务工博物馆。

2007 年 6 月 29 日，《中华人民共和国劳动合同法》颁布。

2007年9月17日，宝安区委、区政府联合出台了《关于加强和改善劳务工工作 建立和谐劳动关系的若干意见》，全区22个职能部门依据此《意见》分别出台了配套工作方案。这一系列政策措施被称为“1+22”文件。

2007年11月，广东省人大产生6名民工代表，其中深圳代表是张志亚、魏小明。

2007年12月5日，建设部等五部委印发《关于改善农民工居住条件的指导意见》。

2008

2008年1月15至20日，政协第十届广东省委员会第一次会议首次邀请来自深圳沙头角商贸公司协宏鞋业来料加工厂的周伟等10名农民工列席会议。

2008年1月24日，深圳市农民工工作领导小组办公室正式挂牌。

2008年2月6日，《农民工之歌》在中央电视台春节晚会演出。

2008年3月15日，十一届全国人大一次会议首次出现了农民工代表的身影，他们分别是来自重庆的康厚明、上海的朱雪琴和广东的胡小燕。

2008年8月1日，《深圳市居住证暂行办法》，取代已施行了24年的《深圳经济特区暂住人员户口管理条例》，暂住证随之被居住证取代。

2008年9月26日，深圳市四届人大常委会第二十二次会议表决通过《深圳经济特区和谐劳动关系促进条例》，11月1日正式施行。这是我国首部促进和谐劳动关系的法规。

2008年9月，深圳市在全国率先发布高层次专业人才“1+6”政策，首次把高技能人才纳入高层次专业人才范畴。

2008年11月15日，宝安区的陈华瑞和黄群，同时荣获全国优秀农民工称号，宝安区劳动局获评全国农民工工作先进集体。此次表彰大会是我国改革开放30年以来第一次对全国优秀农民工和先进集体进行表彰。

2009

2009年5月21日，深圳市第四届人民代表大会常务委员会第二十八次会议修正通过《深圳市员工工资条例》。

2009年5月25日，废止《深圳经济特区劳务工条例》和《深圳经济特区劳动合同条例》。

2009年8月27日，《中华人民共和国劳动法》修订。

2010

2010年5月31日，在深圳市第五届人民代表大会第一次会议上，《政府工作报告》中首提关爱新生代劳务工，政府要努力为一线劳务工尤其是新生代劳务工创造更好的工作、生活和身心发展条件。

2011年2月16日，福永街道万福民工街舞队在春晚表演的《咱们工人有力量》节目，在郎酒——红花郎杯“我最喜爱的2011年春节联欢晚会节目”评选活动中，荣获特别节目类一等奖。

2011年，深圳市开始承办新生代产业工人骨干培养发展计划（即“圆梦计划”），以圆深圳新生代产业工人的大学梦。

2012

2012年3月8日，十一届全国人大五次会议关于十二届全国人大代表名额和选举问题的决定规定：农民工代表人数要比上届有较大幅度增加，党政领导干部代表的比例要比上届有所降低。

2012年11月8日，26名农民工党员进入党的十八大代表行列，第一次以群体形象出现在全国党代会上，熊永兰成为深圳唯一一位当选的一线基层代表。

2012年12月28日，修订《中华人民共和国劳动合同法》。

2013

2013年7月1日，国家新修订的《中华人民共和国劳动合同法》正式实施，第六十三条明确规定，被派遣劳动者享有与用工单位的劳动者同工同酬的权利。

2014

2014年1月1日，《深圳市社会医疗保险办法》正式实施，深圳市农民工医疗保险（劳务工医疗）正式更名为深圳基本医疗保险三档。

2014年5月2日，国务院印发《关于加快发展现代职业教育的决定》，鼓励全体劳动者接受职业教育和培训。

2014年7月24日，国务院印发《关于进一步推进户籍制度改革的意见》，切实保障农业转移人口及其他常住人口合法权益。

2014 年 9 月 12 日，国务院印发《关于进一步做好为农民工服务工作的意见》。

2015 2015 年 6 月 17 日，国务院办公厅印发《关于支持农民工等人员返乡创业的意见》。

2016 2016 年 1 月，国务院办公厅印发《关于全面治理拖欠农民工工资问题的意见》。

2016 年 3 月 1 日，《劳务派遣暂行规定》正式实施。

2016 年 6 月 29 日，宝安出台了《宝安区教育城市化（国际化、信息化、现代化）三年行动计划（2016—2018 年）》，提出劳务工随迁子女入学也被纳入教育规划和财政保障。

2016 年 7 月 27 日，国务院印发《关于实施支持农业转移人口市民化若干财政政策的通知》。

2016 年 11 月 18 日，国务院办公厅印发《关于支持返乡下乡人员创业创新促进农村一二三产业融合发展的意见》。

2017 2017 年 10 月 18 日至 10 月 24 日，中国共产党第十九次全国代表大会召开，十九大报告提出促进农民工多渠道就业创业。

2017 年 12 月 6 日，国务院办公厅印发《保障农民工工资支付工作考核办法》。

（摘编自宝安劳务工博物馆展示内容）

光明名企面面观

光明虽新，却与老资格的世界500强企业有着千丝万缕的联系。

美国杜邦公司，成立于1802年，一家世界级的科学企业。杜邦科学探索的历史悠久，在全世界拥有21000多项有效专利，以及超过15000项专利应用。公司业务遍及全球90多个国家和地区。杜邦公司与中国的生意往来可追溯到清朝（1863年）。跟随中国改革开放的步伐，杜邦公司于1984年在北京设立办事处，并于1988年在深圳注册成立“杜邦中国集团有限公司”，成为最早开展对华投资的跨国企业之一。

2008年5月22日，杜邦集团的全资子公司——杜邦太阳能（深圳）有限公司成立，专业从事薄膜太阳能电池板的研发与制造，透过先进的薄膜光伏技术，为人类提供清洁、可持续发展、全方位的太阳能系统解决方案。杜邦太阳能工厂位于深圳市光明区高新工业园区，占地约5万平方米。

杜邦太阳能公司可谓是光明区世界级名企直属企业。可以与美国杜邦比肩的，是世界领先的制药业巨擘——葛兰素史克。

葛兰素史克生物制品（深圳）有限公司，成立于

2009 年 8 月，是一家致力于流感疫苗、大流感疫苗生产与销售的外资公司。公司位于深圳市光明区，占地面积 6 万平方米。公司流感疫苗项目于 2010 年 3 月获评深圳市重大项目，并于 2010 年 5 月被认定为深圳市高新技术项目。

葛兰素史克公司由葛兰素威康和史克必成强强联合组成。两家公司的历史均可追溯至 19 世纪中叶，各自在一个多世纪的不断创新和数次合并中，在医药领域都确立了世界级的领先地位。两个制药巨人的成功合并，为葛兰素史克成为行业中无可争议的领导者奠定了基础。

葛兰素史克公司总部设在英国，以美国为业务营运中心，在世界 37 个国家拥有 82 个生产基地，产品远销全球。葛兰素史克公司在中国的历史最早可追溯至 20 世纪初叶。随着葛兰素威康和史克必成公司于 2000 年 12 月完成全球性合并，葛兰素史克公司一跃成为世界最大的制药公司之一。2001 年年初，葛兰素史克（中国）投资有限公司成立，并成为中国目前规模最大的跨国制药企业之一。葛兰素史克是最早在中国成功兴建合资企业的外国制药公司之一，其旗下的中美史克和重庆葛兰素都是全国闻名的“双优”企业。

深圳日东光学有限公司，2006 年 10 月 26 日成立，主要从事大型液晶电视所用的偏光片的研发、生产、销售等，并第一次将产品的前段制造工艺——涂工技术引进中国。项目选址在光明区高新技术产业园，占地为 5.4 万平方米。

日本日东电工株式会社，一家具有百年历史的跨国企业。早期在深圳设立的日东电工（深圳）有限公司主要经营传统的保护膜、胶带等业务。

维珍妮国际（集团）有限公司，是目前光明辖区最具规模的工厂型企业。维珍妮以做无缝内衣起家，目前已逐步发展成为全世界规模最大的文胸模杯制造商，专业生产各类文胸杯、胸垫和肩垫，并提供优质的棉杯定型和贴布服务。维珍妮员工 20000 多人，曾凭借每月超过 1500 万件的产量，成为全球最大的女士内衣研发设计生产公司。 维珍妮在行业内率先引进了 3-D CAD/CAM 系统，用于产品的设计与研发，此项新技术的应用大大提高了生产的稳定性、准确性、高效性，开创了模杯内衣大规模生产的新纪元。维珍妮首创及研发生产一片式女士内衣、无缝女士内衣及其他种类的女士内衣成品，以及罩杯、泳衣杯、胸垫等附属产品，其中多项产品获得国家专利认证。维珍妮 90% 以上的订单来自欧美市场，知名品牌如维多利亚的秘密、chantelle、maidenform、华歌尔等都是该公司旗下的主要客户。国内市场业务不足公司整体业务的 10%，主要供应于国内一线内衣品牌如爱慕、曼妮芬，未来可以开拓的市场空间可谓巨大。维珍妮是一家典型的代工企业，是内衣生产领域的“富士康”。

深圳市晨光乳业有限公司，由晨光饮料公司、晨光牛奶公司、晨光贸易公司、晨光饲料公司四家知名企业合并组成。是目前珠江三角洲地区最大的生产和销售乳制品企业之一，并被国务院发展研究中心评为“全国最大鲜奶出口企业”。公司1979年筹建、1980年5月投产。公司拥有5个大型奶牛场、1.5万头新西兰、丹麦引进的良种奶牛；近10万平方米的高科技环保厂房；世界一流的乳业研发中心和乳品加工设备；年加工能力达12万吨的包括瓶装、屋形纸盒装、利乐纸包装、塑料杯装的自动化生产线。晨光乳业产品占深圳鲜奶市场九成、香港鲜奶市场四成，远销越南、马来西亚等国家和地区。“晨光就在家门口”这句极富亲和力的广告语早已在深圳家喻户晓。作为全国最大的鲜奶出口基地、深圳地区唯一供港乳品企业，深圳市晨光乳业有限公司以其鲜奶优势在国内外市场所向披靡。

深圳市得润电子有限公司，前身是宝安得胜电子厂，1989年5月成立，一直专注于连接器的研发、制造与销售。产品涉及电子连接器、电子电器线束、精密模具、汽车电子等，广泛应用于家用电器、通讯、计算机及外围设备、汽车、医疗设备、工业等领域。与国内家电巨头四川长虹、海尔集团、康佳集团、创维集团形成了长期合作的战略伙伴关系，成长为国内最具规模与实力的专业电子连接器制造企业。2006年，得润电子在深圳证券交易所成功上市后，就在光明高新区建设新工业园，是深圳本土民营标杆企业。

深圳市贝特瑞新能源材料股份有限公司，位于光明区公明街道西田社区高新技术园，是由中国宝安集团控股的致力于锂离子二次电池用正、负极材料及纳米材料应用的专业化生产制造商。公司先后获得“深圳市高新技术企业”“国家高新技术企业”“国家火炬计划项目实施企业”“深港创新圈能源材料龙头企业”“深圳市新型储能材料工程研究中心”“深圳市自主创新行业龙头企业”“深圳市科技创新奖（最具成长性）”等荣誉。承担两项“十一五”国家 863 计划项目——“锂离子动力电池系统产业化技术研究”；起草编制了《锂离子电池碳负极材料国家标准制》；获得编制“锂离子动力电池磷酸铁锂正极材料”国家标准制定权。2008 年至今，负极材料市场占有率国内第一，全球第二；磷酸铁锂正极材料市场占有率国内第一，全球前三；并率先实现了层状锰酸锂产业化，填补了国内外空白。公司具有强大的自主研究和自主创新能力，具有独立的知识产权，拥有国家发明专利，国际发明专利近 100 项。2019 年 8 月 29 日，广东省企业联合会、广东省企业家协会联合公布 2019 广东企业 500 强榜单，深圳市贝特瑞新能源材料股份有限公司排名第 290。2019 年 10 月 22 日，“2019 全球新能源企业 500 强榜单”发布，深圳市贝特瑞新能源材料股份有限公司位列第 229 位。

深圳莱宝高科技股份有限公司，是专业研发和生产中小尺寸平板显示上游材料的厂商，成立于1992年7月，是国内目前唯一一家完整掌握平板显示行业前段工艺技术的厂商，成为国际一流品牌的智能手机、PMP、平板电脑等高端消费电子产品所需电容式触摸屏面板的重要供应商。公司生产的上述产品质量达到国际先进水平。2012年，莱宝高科入驻光明，光明工厂位于光明高新技术园区。

拓日新能，是工信部认可的符合“光伏制造行业规范条件”的光伏企业、深圳市民营领军骨干企业。自从1992年作为中国第一的薄膜电池组件生产商起步以来，拓日新能于2005年开始从事单晶硅和多晶硅电池和组件的生产，发展成为中国最多元化的太阳能产品生产厂商。拓日新能拥有太阳能电池行业最全面的技术，是国内最早依靠自主研发同时生产非晶硅、单晶硅、多晶硅太阳能电池芯片的企业。企业拥有300余项授权专利。拓日新能拥有全球最完整、“从砂到电”的非晶硅太阳能电池产业链，拥有包含拉晶切片在内的、较为完整的晶体硅太阳能电池产业链。拓日新能200多种各式各样的太阳能消费品获得全球消费者的青睐，产品遍及全球80个国家和地区。拓日新能光明分公司，于2007年3月21日注册成立，在光明区光明街道建有拓日新能工业园。

深圳市远望谷信息技术股份有限公司，是中国领先的RFID产品和解决方案供应商。自1993年起就致力于RFID技术和产品研发，借助中国铁路车号自动识别系统，开创了国内RFID产品规模化应用的先河。远望谷在国内率先建设了世界一流的物流电子标签海量生产线。2007年8月在深圳证券交易所成功上市后，2008年年底就在光明区高新技术产业园内开发建设远望谷射频识别产业园。

证通电子，创立于1993年，主要致力于安全支付行业、自助服务行业的产品研发、生产、销售及应用集成服务。公司作为金融支付信息安全领域的行业领跑者和国内一线自助服务设备提供商，先后在国内首家推出密码键盘、自助终端、金属加密键盘、E-POS转账电话、手机POS等金融安全产品，打破了国外品牌对该行业的垄断，并成功跻身国内银行自助终端服务设备供应商前三甲。已于2007年12月18日在深圳证交所上市，并进入光明区自建证通电子产业园，作为具备完整产业链的国内最大的金融支付信息安全产品产业基地，是目前国际领先、国内最大、生产工序最全、全自动化生产的安全支付设备生产制造基地。

深圳市普联技术有限公司，成立于1996年，是专门从事网络与通信终端设备研发、制造和行销的业内主流厂商，也是国内少数几家拥有完全独立自主研发和制造能力的公司之一，创建了享誉全国的知名网络与通信品牌：TP-LINK。作为一家致力于“网络普及应用”并在市场占有率上保持稳定优势的企业，TP-LINK 强大的生产制造能力一直为同行所瞩目。目前落户光明区公明街道高新技术产业园。

欧菲光集团，公司成立于 2001 年，地处光明区公明街道松白公路华发路段欧菲光科技园，拥有国内规模领先、工艺技术能力达到国际先进水平的精密光学光电子薄膜元器件生产线。专注于移动互联智能终端国际化平台型企业，主营产品触摸屏、摄像头、指纹识别模组等，分支网络分布美国、日本、韩国以及中国内地、中国台湾和中国香港。欧菲光抓住移动互联产业快速发展的机会，快速成长。欧菲光 2002 年开始研发生产红外截止滤光片，四年时间成为全球最大的厂家，占全球市场份额三分之一。2005 年起持续获得深圳市高新技术企业称号。2008 年进入触控系统领域，目前已成为全球最大的智能手机触摸屏供应商，全球前五名手机厂家其中三家的主力供应商。2010 年 8 月在深圳证券交易所成功上市，连年获得工信部“全国电子信息百强企业”称号，获得国家知识产权局颁发的 2014 年专利金奖，获得 800 多项专利授权。

深圳市新纶科技股份有限公司，成立于 2002 年 12 月 25 日，是一家深圳本土科技企业，经过十余年的发展和积累，公司已发展成为一家集防静电 / 洁净室耗品研发、生产、销售，净化工程及超净清洗服务于一体的防静电 / 洁净室行业系统解决方案提供商。公司于 2010 年 1 月 22 日在深圳证券交易所挂牌上市，目前已经落户光明区塘家社区张屋路口新纶科技产业园。

深圳市星源材质科技股份有限公司，成立于 2003 年 9 月，是当前世界上唯一同时拥有锂离子电池隔膜干法、湿法制备技术和生产线的企业。其在动力锂离子电池隔膜产业关键技术方面的突破，填补了我国在该产业的空白。公司总部设在南山区高新科技园，同时在光明区拥有占地面积 29864.39 平方米，建筑面积 70000 平方米的厂房及研发大楼。

深圳研祥智能科技股份有限公司，成立于 1993 年，是中国最大的特种计算机研究、开发、制造、销售和系统整合于一体的高科技企业。自 2000 年起，研祥在中国特种计算机行业已经名列前茅。2003 年，研祥智能科技股份有限公司于香港联交所上市，是中国同行业中唯一的上市公司。根据 CCID 数据显示，2006 年至 2009 年，研祥连续在国内同行业排名第一，世界第三。研祥立足自主研发、自主创新，产品技术完全拥有自主知识产权。由研祥智能科技股份有限公司打造的“EVOC”品牌，已经成为行业知名和领先品牌。目前，研祥旗下的特种计算机主要产品已形成三大系列、1500 多个型号，整体技术达到“国内领先、国际先进”，部分产品技术已经达到国际领先水平；为全球各行业提供个性化（OEM/ODM）专用解决方案，产品目前已经在石油石化、通讯、网络、公路、铁路、轨道交通、烟草、金融、电力、煤矿、安防、博彩、医疗设备、工业现场等各行各业得到广泛应用，替代了进口产品，为中国产业实现自动化、智能化、信息化做出了突出的贡献。研祥目前是国家火炬计划重点高新技术企业、国家规划布局内重点软件企业、中国企业信息化 500 强。深圳研发基地落户光明区高新路研祥智谷创祥地 1 号。

万和创新药物研发与产业化基地，位于光明区凤凰城，包括深圳万和制药总部、万和香港集团与日本千寿制药合资的千寿万和药业、国内眼科著名企业瑞霖医药及万和企业技术中心。是消化道与肠道微生态健康产品的研发生产基地和华南最大的眼科药品研发生产销售基地。

深圳市华星光电技术有限公司，是 2009 年 11 月 16 日成立的一家高新科技企业，公司注册资本 100 亿元，项目总投资规模达 245 亿元，是深圳市建市以来单笔投资额最大的工业项目，也是深圳市政府重点推动的项目。公司坐落于光明区高新技术园区，是迄今为止国内首条完全依靠自主创新、自主团队、自主建设的高世代面板线。华星项目自开工建设以来，得到了国家部委、广东省委省政府、深圳市委市政府的全力支持。项目从打桩建设到开始量产只用了 19 个月的时间，是目前为止，国内外同类企业建设中速度最快的项目。华星项目的建设也再次体现了“深圳速度”和“深圳质量”。公司独立开发的具有自主知识产权的 HVA 技术，其穿透率指标处于业界领先水平，在中国、美国、PCT 的专利申请共 3070 件。2012 年 3 月，华星光电自主研制的全球最大 110 寸四倍全高清 3D 液晶显示屏“中华之星”正式发布，奠定了华星光电在国内平板显示行业的领先地位，实现了中国视像行业先进显示技术的历史性突破，使中国继日韩后成为掌握自主研制高端显示科技的国家。

（以上资料根据光明区政府在线、深圳市政府数据开放平台综合整理，相关数据统计截至 2019 年）

在国务院侨办领导主持下，广东省华侨农场管理局与香港港华电子公司在北京签署了“光明华侨电子厂合作协议书”。随即组织五十余名归侨侨眷职工在光明华侨畜牧场开始来料加
光明华侨电子工业有限公司合资经营协议书”，并成立第一届董事会。中国第一家中外合资的电子企业就此诞生。光明华侨电子厂，以既有企业为依托，来料加工收录音机机芯，与太
品牌的收录机、彩色电视机、音响组合、计算器、电子表、电子玩具、微型电脑及其它电子产品，这就是后来的康佳电子。还有光明奶牛场，也属于引进外资。当时是从新西兰引进
牛场当然是在光明区，但是，这已经超出了三来一补企业的初级形式。鉴于依托光明华侨农场展开的各种内引外联企业故事，已经在《农场往事》里有了更详细的叙述，这里就不作
为主业，公明镇也是以农业为主。你们湖南、江西也算是农业大省，但是你们平均一人一亩三分地，你们的耕地其实是不够分的。我们公明镇一个劳动力要耕种十几亩地，不包括旱
说潮汕人“种田如绣花”，很精细。所以最早来公明地区的外地人除了国外回来的华侨，就是潮汕人。当东莞、宝安其他地方的“三来一补”企业搞得热火朝天的时候，公明这个地
试过，公明公社的老书记陈克明试着将一块2.9亩的农地转为非农地。结果，全市通报批评，差一点连乌纱帽都保不住了。直到1990年10月份，大家开始形成共识：我们不发展工
起来了。当时有一个万头猪场，养猪场，大家要动这块地，市里边有个分管领导到了现场，一看我们填了那么多农田，立即就板起了面孔。所以直到现在，公明还是保留了很多农业
任，正好分管这个工作，我记得是发了个头版头条，对我们支持力度很大。这是1991年的事情。这以后，公明就开始大规模的引进工业项目，迎来了一个为期10多年的黄金发展期
限公司签约，以补偿贸易形式发展奶牛生产和鲜奶出口；筹办畔湖鸭场，签约出口香港活鸭。这算是比较早的企业了。这些企业都有一定的国企背景，光明华侨农场就是级别很高的
华是1989就来了。还有陈伯雄的勤兴，还有一个两兄弟开的海洋海绵厂，专门做沙发，做床垫，做发泡胶，以前香港雅兰酒店都是他们的。那个时候有件沙发是很高兴的事，我跟他
同志视察深圳，引起很大反响，外商投资很热烈，形成了一股潮流。到1990年代末，公明商会有近500家企业会员。其中，港资企业260多家，台资企业220家左右，国企、内资企
993年以前就来了，他是第一届公明台商协会的会长。庄世良是第二届公明台商协会的会长，他办了一个大的工业区，是比较有影响力的。说起来，第一家台资企业落户深圳是1982
城市。光明台商协会是1994年成立的。现任深圳台商协会常务副会长兼秘书长的卢政群，以前就担任过深圳台商协会光明联谊会会长。他来的也很早，但不是第一代，他是随他父
美元。这个门槛很高。港资台资企业还是初加工企业多。他们赚加工费，人口红利嘛。最赚的还是买地的企业。地分几种类型，如果是商业用地，一般是50年。厂房用地，建厂房
一年交。买地当时相对来说是比较便宜的。早期不用说了，35元到50元一平米。最多大概一百块左右。凡是买下地来的老板无论是破产或者是所谓迁移，只要他现今还有那块地，
地，55块钱一平米，现在卖了给人家做房地产，1万多一平米，55到1万多，你看它上涨了多少？ 200倍差不多。这个就是土地红利。这个你没办法，农业用地不值钱，工业用地才
本地人、内地人做企业的多不多？不多。刚开始谁都没经验，也没有资源，也没有国际市场的渠道。我们1995年做过一个电磁灶项目，还准备上一个防弹衣项目。专门去上海、去杭
资金不够，没有经验，不敢冒这个险。还是租地、卖地，钱来得快。所以本地人很少开工厂、做实业。最初，内地人来到公明开厂的也不是很多，多的是打工赚钱。后来，有些人在
台资企业都是现成的产品、现成的技术、现成的销售市场，按件计算加工费就好了，不需要太动脑筋，不需要太费心思。内地人办企业就没这么省心了，又要琢磨产品、又要琢磨技
、张文东的漫步者音箱，都在光明办过厂，这些算是很成功的明星企业。光明台商多采访中，我们从多方面了解到，因为光明工厂属于“90后”，工厂模式已经“升级”。“上屋模
前来投资的外商，也变了：1980年代几乎是清一色的港商；1990年代，台商来了。来光明投资办厂的外商，台商差不多占了一半。港商投资的行业大多是以服装、玩具、五金、皮具
初开始的。1987年11月1日，台湾开放赴大陆探亲，隔绝近40年的两岸交流开启。由于赴大陆探亲人员大多要经过香港再到内地，深圳就成了接待第一站。每天，口岸上就涌来众
精神广为流传。1988年10月，在深圳宝安西乡崩山脚下，出现了一家台资企业：海洋精密电脑插件厂。首批150名员工从广东澄海、潮州、丰顺招募到深圳。当时，海洋厂一栋五层
6月27日。协会的会员数由成立最初的60家增加至近2000家，紧密联系着全市4000多家台资企业和在深居住的5万多台胞。深圳台商协会常务副会长、秘书长卢政群曾经担任光
那时，无论是深圳市内还是与周边城市，交通都没有现在这么方便。卢政群去广州黄埔一趟得花4个多小时。闯荡5年后，卢政群于1996年在公明买地建厂。卢政群的橡胶制品厂在
率。营业额由创业之初的1000多万元增长到现在近2亿元，年产量上万吨。客户包括国内外知名鞋业品牌，包括安踏、361°、李宁、比亚迪等五六百家客户。初来深圳，光明区还
光明联谊会会长期间，卢政群成为棒球运动的积极推广者。他为光明区的学校与台湾棒球教练的合作牵线搭桥，以台商协会的名义建设球场、组织比赛。2017年，首届海峡两岸学生
吴晋维一拍即合，决定合作在深圳成立专业的棒球推广和培训公司。 光明地域面积小，光明台商数量在深圳台商中的占比并不高，但是光台商的密度却不小。何以为证？大陆第一家
台商子学校应该是是深圳公明的华茂实验学校。资料表明，东莞台商子弟学校，位于潢涌村东部。潢涌村历朝以来重视文化教育，于明朝永乐年间（1403 ~ 1424年）就建有西石书院
称中国大陆第一座台商子弟学校。学校座落在潢涌村东部，占地面积约9公顷。是一所集幼稚园、国小（小学）、国中（初中）、高中于一体的公益性学校。学制、课程与台湾接轨
由时任东莞市台商协会会长叶宏灯等人倡议创办，1999年10月获广东省教育厅及省台办正式核准，并于1999年11月3日奠基。2000年9月2日，学校建成，9月3日正式开学，大
际观及竞争力”的台商新世代。由于台商协会出面倡建，海峡两岸名人加持，办学理念与台湾地区接轨，学校建设受到了海峡两岸各级领导的高度重视。国家和广东省领导如钱其琛
后到学校视察指导工作。“中国大陆第一座台商子弟学校”既是名声在外，也确实是名不虚传。然而，很少有人还记得，就在深圳公明的将石围，有一所名叫华茂的实验学校，学生
实验学校于1996年秋季创办，由当时的深圳市政协常委、实业家王庆茂先生独资兴建，包括幼儿部、小学部、中学部，最初只是招收内地学生。王庆茂曾经是“全国民办教育十大杰
问题。王庆茂敏锐地抓住时机率先将华茂学校升级为国际学校。1997年8月，为了解决港商子弟在深圳上学的问题，经国家教委和国务院港澳办批准，华茂实验学校挂上了“广东香
纷前来就读，而且为数不少，当时台湾在深圳的从业人员有6万人之多，这部分人的子女读书问题一直是一个亟待解决的问题。经国家教委和国务院对台办批准，华茂实验学校于20
有深刻印象。老亨认为，从实际建校时间和实际开学时间来看，深圳公明的华茂实验学校可能才是“大陆第一所台商子弟学校”。可惜的是，王庆茂这个颇有传奇色彩的企业家、教
子弟学校”这三块曾经闪亮的校牌都已经淡出了。这三所招生对象分别为内地、香港和台商子弟的学校，曾经共处同一校园，合称深圳市华茂学园（简称华茂园）。共存内地教育、
也真有上屋模式。也就是1978年，越南排华很严重，几十万华侨难民需要安置。时任国务院侨办主任廖承志在深圳接待安置越南难侨会议上说：在西贡有不少电子厂华侨技术工人多
签署了“光明华侨电子厂合作协议书”。随即组织五十余名归侨侨眷职工在光明华侨畜牧场开始来料加工收录音机机芯，一年获纯利83万元，利用外资打响了第一炮。后来，廖承志
家中外合资的电子企业就此诞生。光明华侨电子厂，以既有企业为依托，来料加工收录音机机芯，与太平手袋厂一样，是典型的三来一补企业。不过，这个加工企业设在光明华侨畜
脑及其它电子产品，这就是后来的康佳电子。还有光明奶牛场，也属于引进外资。当时是从新西兰引进了一批奶牛，空运过来的，经过了许多波折。后来，光明奶牛场发展成为一个很
托光明华侨农场展开的各种内引外联企业故事，已经在《农场往事》里有了更详细的叙述，这里就不作为本书讲述的重点了。相对于光明华侨农场的大手笔引进，公明镇三来一补企
平均一人一亩三分地，你们的耕地其实是不够分的。我们公明镇一个劳动力要耕种十几亩地，不包括旱地，全是水田。不是劳动力的人减半，但是最少也不会少于每人5亩水田，旱
来的华侨，就是潮汕人。当东莞、宝安其他地方的“三来一补”企业搞得热火朝天的时候，公明这个地方几乎还没有工业。石岩就在公明隔壁，石岩的“三来一补”企业动静很大，但
市通报批评，差一点连乌纱帽都保不住了。直到1990年10月份，大家开始形成共识：我们不发展工业是死路一条。年底就开大会，在三级干部会议上做报告，做动员，结果没有一个
到了现场，一看我们填了那么多农田，立即就板起了面孔。所以直到现在，公明还是保留了很多农业用地，尽可能地保护了耕地，要不现在光明区哪里还有这么多空地？陈灼灵说，公
991年的事情。这以后，公明就开始大规模的引进工业项目，迎来了一个为期10多年的黄金发展期。到2000年左右，公明的加工工业已经很成规模了，公明由一个农业大镇，变成了
香港活鸭。这算是比较早的企业了。这些企业都有一定的国企背景，光明华侨农场就是级别很高的国营农场嘛。非国企背景的“三来一补”企业也有很早的，但是规模都比较小，游击
发，做床垫，做发泡胶，以前香港雅兰酒店都是他们的。那个时候有件沙发是很高兴的事，我跟他买一组沙发，要7000块一套。他们是比较有钱的，我们凡是去香港搞什么活动，基
，公明商会有近500家企业会员。其中，港资企业260多家，台资企业220家左右，国企、内资企业相对比较少。这个比例当中，台资企业算是比较高了。公明的工业化比较晚，90年
的会长，他办了一个大的工业区，是比较有影响力的。说起来，第一家台资企业落户深圳是1982年。当然现在深圳引进的台资企业超过6000多家了，台资企业出口约占深圳市出口总
政群，以前就担任过深圳台商协会光明联谊会会长。他来的也很早，但不是第一代，他是随他父亲来的。陈灼灵说，当初港商台商做什么行业的都有，手袋、玩具、文具、文胸、海绵
。最赚的还是买地的企业。地分几种类型，如果是商业用地，一般是50年。厂房用地，建厂房的是30年。其实当时具体签多少年我们也不是太清楚。怎么说呢？是村里签的，比如说
概一百块左右。凡是买下地来的老板无论是破产或者是所谓迁移，只要他现今还有那块地，那就大赚。一般来说，现在卖地一个平米1万多块，一亩地660多平米，就是665万，如果
涨了多少？ 200倍差不多。这个就是土地红利。这个你没办法，农业用地不值钱，工业用地才值钱。工业产品要销得出去，工厂才赚钱。三来一补企业就是“两头在外”，参与国际
市场的渠道。我们1995年做过一个电磁灶项目，还准备上一个防弹衣项目。专门去上海、去杭州学习，请来专家教授技术。市场呢，当时想广东公安干警2万人，每人一件防弹衣，2
工厂、做实业。最初，内地人来到公明开厂的也不是很多，多的是打工赚钱。后来，有些人在打工的过程中学到了技术，慢慢也敢自己开厂了。首先当然是要交学费的，有很多人就是
太动脑筋，不需要太费心思。内地人办企业就没这么省心了，又要琢磨产品、又要琢磨技术、还要开拓市场。所以啊，绞尽脑汁地想办法，想啊想，想到了好点子，创新就成功了。

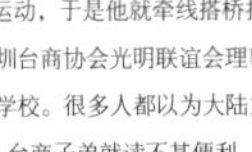

参考文献

1 邓小平．邓小平文选：第三卷 [M]. 北京：人民出版社，1993.

2 陶一桃，伍凤兰，闫振坤，等．广东经济特区改革发展 40 年 [M]. 广州：中山大学出版社，2018.

3 郑明武．改革前沿：深圳经济特区建立与发展 [M]. 长春：吉林出版集团，2011.

4 傅高义．亚洲四小龙腾飞之谜 [M]. 陈振声，译，北京：中国政法大学出版社，2000.

5 谭裕华．东莞经济转型与产业升级研究 [M]. 北京：经济管理出版社，2017.

6 陈少兵．深圳产业结构演化与发展研究 [M]. 北京：中国社会科学出版社，2016.

7 老亨 . 深商的精神 [M]. 深圳：海天出版社，2007.

8 老亨 . 深商简史：1978—2018[M]. 深圳：深圳报业集团出版社，2018.

9 徐明天 . 春天的故事：深圳创业史 1979—2009（上）[M]. 北京：中信出版社，2008.

10 宝安县地方志编纂委员会 . 宝安县志 [M]. 广州：广东人民出版社，1997.

11 深圳市光明新区管委会 . 新型城市化的深圳实践 [M]. 北京：中国社会科学出版社，2016.

12 杨宏海 . 打工世界：青春的涌动 [M]. 广州：花城出版社，2000.

后记

2019年《寻找光明记忆：农场往事》出版，与2017年出版的《寻找光明记忆：新城旧事》一起被国家图书馆收藏，图书馆业内资深专家全根先、程亚男老师分别为两本小书撰文并发在《图书馆报》与《中国文化报》，对我们在地方文献的收集整理与本土历史文化的传承与发扬方面给予高度评价，让我们项目组备受鼓舞，也更加忐忑地正视自己的力所不及之处，唯恐辜负前辈期望。

回顾2014年我们启动“寻找光明记忆”项目之初，不多的几个人，用脚丈量这块位于深圳西北部156.1平方千米的土地，走遍光明每个角落的同时，也逐渐了解了这块土地上许许多多的人。随着时间的推移，我们“寻找”的队伍逐渐壮大，一拨拨人来，一拨拨人走，关于建筑、村落、文献、风俗、美食、农场……我们一个社区一个社区地走访，一个系列一个系列地整理，到2019年，对照着我们原本用三年时间完成项目的计划已经推迟了两年，回望初心，始终未改，成果甚至超过了我们的计划。但，脚步仿佛无法停下来。

光明近几年的发展，真可谓是日新月异：2018年9月19日，深圳市光明区正式挂牌成立；2019 年 2 月 18 日，中共中央、国务院印发《粤港澳大湾区发展规划纲要》；2019 年 8 月 18 日，《中共中央 国务院关于支持深圳建设中国特色社会主义先行示范区的意见》正式发布；2020 年 4 月 14 日，深圳发布《深圳市人民政府关于支持光明科学城打造世界一流科学城的若干意见》……一系列重要文件的出台意味着光明成了一块无法沉寂的热土，世界一流科学城的定位注定会把这从前的农田与牛场做出翻天覆地的改变，旧貌换新颜。面对这块热土上热火朝天的干事热情和飞速变化的城市风貌，我们寻找光明记忆项目组，又该如何记录与之紧紧相连的历史呢？

2019 年是深圳市建市 40 周年，2020 年是深圳经济特区建立 40 周年，这两个时间节点对于新老深圳人都有非常重大的意义。上千万的外来人口涌进深圳成就今日深圳的伟大奇迹，都与这两个时间点和与之对应的改革开放紧密相关。深圳作为中国城市化最具代表性的城市，如何从农村走向城市？伴随着改革开放而逐渐建设与发展的工厂，以及与工厂息息相关的人，成了我们绕不开的话题。光明，作为深圳不可分割的一部分，有着独特的工厂发展过程与故事。而把这些故事通过“寻找光明记忆”项目组的寻访和整理记录，呈现给大家，则提上了我们的工作日程。

2019 年伊始，正当我们项目组对此进行谋划之时，深商研究学者，也是“睦邻文学奖”的首倡者老亨老师向我们提出，可以从组织的睦邻文学奖获奖团队中组织人员参与“寻找光明记忆”项目中来，共同寻访改革开放之初光明工厂创建与发展的参与者或者见证者，共同走访当年的工厂或者现在的园区，共同整理工厂以及与工厂紧密相连的人的故事，共同记录伴随着深圳经济特区建设脚步而在光明这块土地上留存的独特记忆……我们经过几次深入地探讨，并共同寻访了其中的几位企业家之后，便正式确定了“工厂故事”的主题方向，尤其是老亨老师因为写过《深商简史：1978—2018》，对于深圳独有的创业者有更深入的了解与理解，可以将光明的工厂故事放在一个更广阔的视野和与外界息息相关的角度去进行叙述，也是我们“寻找光明记忆”项目所期待有所突破的。于是，主笔的工作便交到了老亨老师的手上。

于是，我们的团队有了一种新的写作方式，大家根据自己的时间和兴趣点选取采访人，采访同时会进行拍摄，之后再把采访记录整理成文，提交老亨老师。整个采访与创作团队包括：老亨、陈瑛、朱蔓菁、孟文英、赖远美、段作文、游利华、杨晓霞、黄颖怡、黄芷如等。大家以睦邻文学奖赛事中倡导的那样，每个人都可以是写作者，每个人都可以书写小到我们社区的每一个细小的环境，每个人都用自己的方式来呈现所感所悟……无疑，这会有多姿多彩的优点，正如大家在书中所见的，有的文章细腻地描写场景，有的文章宏大地叙述社会背景，有的文章感性地描绘情节，有的文章理性地分析来龙去脉。然而，对主笔老亨而言，也同样存在文风不统一的瑕疵，如果大家在书中没有明显地感觉突兀的话，那也正说明了老亨在最后统稿时所费的心力。在这本书里，我们把独具特色的光明工厂呈现给大家，倘若读者能从这些故事中体味这些平凡或不平凡的人在这块土地上曾经的奋斗与悲喜，感悟他们的光荣与辉煌，并给我们以踏实前进的力量，那我们也就达成所愿了。

依然要感谢光明区文化广电旅游体育局一如既往地支持项目的开展，特别是包小红局长，见证并指导了“寻找光明记忆”项目开展的全过程。

感谢深圳报业集团出版社的孔令军博士和岳鸿雁编辑，几年来，始终关注我们项目的足迹，也始终支持与鼓励我们把寻访的事实变成文字写成书。还要特别感谢接受了我们的采访，并能为我们讲述“工厂故事”的每个企业、每个人！也要感谢姓名没有出现在书中，但在采访过程里给我们提供线索的各街道、社区的热心人，比如公明街道办事处经财办郑春华主任为我们提供了一些曾经或者依然成功的企业老板名单，比如喜德盛经理李向荣为我们联络采访人查询企业发展资料……无法一一列举，只能一并在此感恩！

农历庚子年的春节前后，新冠肺炎疫情发生，我们的现场采访脚步因此受阻，却为前期素材的整理与撰写、修改留出了更多的时间。疫情的到来，给某些面临转型的企业带来了更多的压力，却给一批与医疗、网络密切相关的企业带来了发展。故事里的工厂，为闪亮的高新科技企业筑下基础，它们相互重叠、相互辉映。世上的事有时有两面性，一如我们“寻找光明记忆”项目组一直所坚持与追求的一样，一方面我们把寻找过去的记忆作为我们的职责，另一方面我们记录、记载都是为了这块土地更加美好的未来。

凡是过往，皆为序章。

本书初稿完稿之时，恰逢深圳发布《深圳市政府关于支持光明科学城打造世界一流科学城的若干意见》，一幅美好蓝图已经清晰地画在了光明这块热土之上。伴随着高科技研发以及与之相配套的产业将在此生根发芽、蓬勃生长，光明这块土地将在深圳、粤港澳大湾区、广东、中国乃至世界的聚光灯下走向更加光明的未来！

而我们，将与工厂故事里的人物，共同见证。

陈瑛

2020 年 5 月 25 日

与公明相邻。通过松白路，松岗与公明的工业区无缝连接，连成一片。随着松岗的工厂沿着松白路往公明迁徙，公明的合水口、马山头、下村、李松蓢、将石、楼村等变得工厂密布。在深圳南山与光明之

是松岗、公明，南段是光明、石岩、西丽。与松白路同一年开通的梅观高速（莞深高速），则从东面和北面打开了光明工业区的局面。光明东南的白花洞工业区紧靠观澜，离梅观高速颇方便；光明东北的协

坂田成为深圳制造业核心区，富士康在龙华设厂，华为在坂田落户，这两大工业巨头中间只隔着一条梅观高速。深圳龙坂工业片区和东莞制造业区域通过梅观高速、莞深高速串联起来，分别从东南和东北

东岸制造业逐渐成为中国最为活跃和繁华的“工业走廊”。“广深高速堵车一小时，全球产品的价格将因此而波动”。广深高速公路，珠东工业走廊，是中国成为“世界工厂”的最佳见

处在世界工厂核心地带的光明，见证了“世界工厂”的发展与辉煌。08年世界金融危机之后，“中国制造”向“中国创造”升级转型，珠三角继续领衔中国制造业的

光明”之意命名。这段历史有《农场往事》集中记录了。光明的历史可以追溯到更早，至少公明老墟，作为百年老街，也曾盛极一时。这段历史，

发现一个不一样的光明。上个世纪80、90年代以来的深圳工厂，不同于1950年代末兴建的光明农场，其崛起的原因、

界，是如何成为新的世界工厂的枢纽的呢？2005年11月，深圳市申大执委会向社会公开征集申办口号

与世界眼光的追求，成为深圳申办第26届大运会的口号，并被评选为深圳最有影响力的十大观念之一。但是

望大鹏半岛南澳一带。这两个游览区吸引了大批外国游客，他们用望远镜来眺望皇岗村：皇岗村一

村民，一天最多可收入9毛钱，而对岸的香港人，即使做麦当劳的兼职，也可以一小时赚到2港元。那个

来到深圳，他用自己的镜头记录下了老城变化前安静的面容：蓝天、白

争对手百事可乐。1980年10月，百事可乐在香港的业务代表李文富向深圳

总统的老布什及其夫人第一次访问深圳，在深圳作

是中国改革开放的窗口，深圳也是中国与世界之间架起的一座

界工厂，是从英伦海岛开始的。1769年，詹姆斯·瓦特

几十年内使英国由一个落后的农业国一跃而为世界

自由贸易的方式开放通商。这也是英国人将鸦片战争叫做

强的造船能力，而且它的生铁产量也占据全球总产量

重要标志的第二次工业革命，领衔者正是美国。

等，共38个国家，总值达500亿美元，折合现

国际贸易，促进世界经济发展为目的。1944年7月

和国际贸易。美国和英国在科研和金融领

制，在国际市场上具有很强的竞争力

四小龙”。亚洲四小龙和日本，历史上都处于

发达国家生产转向技术和资本密集工业，亚洲四小

跟进，偏重劳动密集型工业，形成雁阵结构。

、人口红利。中国的对外开放为全球制造业成本降

崛起的厂区，工厂宿舍外晾晒的工衣，

模式”分别在光明的东西两端发生。光明工厂的

，是中国世界工厂时代一个难得的

备案，深圳大学师范学院于1996年6月正

级城市而到深圳经济特区，由

娓娓而谈，与我们分享难得的光明往事。

年校办主任，才回到公明，在镇政府工作。第

公明一个公社就要上缴国家征购粮7.8

缘分。光明区的前身就是农业区。跟工业

？从北面的龙岗、布吉，到南

都从宝安来，从内地来。内地人来往香港

门的商业最旺，街道几纵几横，店铺鳞次

，这才转移到澳门去。这从一个侧面说明，深圳

得过去。公明老百姓的日子可能就平淡些，

是工厂，光明农场其实也是工厂化的企

来一补”企业的运营模式作一番了解。话得

多前来参观的代表团，并组织他们参观

院正式颁发了《开展对外加工装配和中小型补

们有着多年的外贸经验，在香港和内地

平服装厂的厂长立刻安排了三名技术骨干通宵

的一种企业贸易形式。其中“三来”可

办法降低成本。而内地厂房便宜、人工便宜

事处的地盘。改革开放以后，罗湖、福田、南山

，再到宝安区的石岩，从白芒关进入经济特区就到了南

白路就开始改造扩建。1995-2008年，正是光明

，止于塘下涌立交，全长约31公里。沿线松岗、沙井、

明的合水口、马山头、下村、李松蓢、将石、楼村等变得工厂密布。在深

局面。光明东南的白花洞工业区紧靠观澜，离梅观高速颇方便

高速。深圳龙坂工业片区和东莞制造业区域通过梅观高速、莞深高速串联起来，分

堵车一小时，全球产品的价格将因此而波动”。广深高速公路，珠东工业走廊，是中国成为“世界工

地带的光明，见证了“世界工厂”的发展与辉煌。08年世界金融危机之后，“中国制造”向“中国创造”升级转型，珠三角继续领衔中

命名。这段历史有《农场往事》集中记录了。光明的历史可以追溯到更早，至少公明老墟，作为百年老街，也曾盛极一时

事。从世界工厂的角度看光明，也许会发现一个不一样的光明。上个世纪80、90年代以来的深圳工厂，不同于1950年代末兴建的光明农场，其

厂故事》，不能不对世界工厂的始末原由有一定的了解。深圳是如何融入世界，是如何成为新的世界工厂的枢纽的呢？2005年11月，深圳市申大执委会向社会公开

开着胸怀，保持和世界的零距离。“深圳，与世界没有距离”这句最能体现深圳人心境的话，契合了深圳人具有世界眼光的追求，成为深圳申办第26届大运会的口号，并被评选为深圳最有影响力的十大

边界开辟了两个游览区：一个是落马洲警署西侧山顶，可居高远望深圳河北岸皇岗村、渔农村一带；一个在坪洲岛，可远望大鹏半岛南澳一带。这两个游览区吸引了大批外国游客，他们用望远镜来眺望皇岗

水稻不同，稻米呈红色，用这种米煮的饭，当地人称“红米饭”，苦涩粗糙，难以下咽。在“咸水田”里起早贪黑的村民，一天最多可收入9毛钱，而对岸的香港人，即使做麦当劳的兼职，也可以一小时赚

，而在深圳成为中国第一个对外国游客72小时免签证的城市后，瞭望台彻底消失了。《深圳十大观念》讲述了这样一个故事：1980年初，一位美国游客来到深圳，他用自己的镜头记录下了老城变化前安静的

合同，获准向中国出售瓶装可口可乐。这是中华人民共和国成立以来第一批公开进口的美国饮料。可口可乐在中国内地迈出的这一步深深刺激了其竞争对手百事可乐。1980年10月，百事可乐在香港的业务代

%内销以人民币结算。这家汽水厂投产当年产值771万元，利润86万元，在深圳建市起步的岁月里，是效益最好的企业之一。1985年10月，时任美国副总统，后来出任美国总统的老布什及其夫人第一次访问

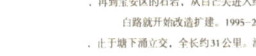

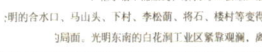

总策划 / 出版人：胡洪侠
责任编辑：孔令军
特约编辑：岳鸿雁
技术编辑：林洁楠　杨　杰
装帧设计：肖　敏

图书在版编目（CIP）数据

寻找光明记忆. 工厂故事 / 深圳市光明区公共文化艺术发展中心著. -- 深圳：深圳报业集团出版社，2021.11
ISBN 978-7-80709-980-2

Ⅰ. ①寻… Ⅱ. ①深… Ⅲ. ①工厂史－史料－深圳 Ⅳ. ① K296.53

中国版本图书馆 CIP 数据核字 (2021) 第 216536 号

《我们深圳》丛书
深圳市文化创意产业发展专项资金资助项目

寻找光明记忆：工厂故事
XunZhao Guangming Jiyi Gongchang Gushi

深圳市光明区公共文化艺术发展中心　著

深圳报业集团出版社出版发行
（深圳市福田区商报路 2 号 518034）
中华商务联合印刷（广东）有限公司印制　新华书店经销

开本：889mm × 1230mm　1/32
字数：240 千字
版次：2021 年 11 月第 1 版　2021 年 11 月第 1 次印刷
印张：9.25
ISBN 978-7-80709-980-2
定价：55.00 元